你想创业吗

饶锦麟　著

暨南大學出版社
JINAN UNIVERSITY PRESS

中国·广州

图书在版编目（CIP）数据

你想创业吗/饶锦麟著．—广州：暨南大学出版社，2016. 10
ISBN 978 – 7 – 5668 – 1892 – 8

Ⅰ. ①你…　Ⅱ. ①饶…　Ⅲ. ①企业管理　Ⅳ. ①F270

中国版本图书馆 CIP 数据核字（2016）第 159017 号

你想创业吗
NI XIANG CHUANGYE MA
著者：饶锦麟

出版发行：暨南大学出版社（510630）
电　　话：总编室（8620）85221601
　　　　　营销部（8620）85225284　85228291　85228292（邮购）
传　　真：（8620）85221583（办公室）　85223774（营销部）
网　　址：http：//www. jnupress. com　http：//press. jnu. edu. cn
排　　版：广州市天河星辰文化发展部照排中心
印　　刷：广东省农垦总局印刷厂
开　　本：787mm × 1092mm　1/16
印　　张：12. 5
字　　数：166 千
版　　次：2016 年 10 月第 1 版
印　　次：2016 年 10 月第 1 次
定　　价：28. 00 元

前　言

朋友，你想创业吗？你想当老板吗？许多人都想创业，都想自己（或合伙）当老板。怎样创业？怎样当老板？已经成为许多想创业或者刚创业的人共同关心的事情。

为什么有人创业成功，有人创业失败？这里面是有许多因素和许多学问的。

创基立业，是成年人事业上的追求，是理想，是目标，应该支持和鼓励。

然而，创业不是空想就能成功的，老板并不好当。创业和当老板，要有良好的心态，要有知识和技能，要有基础和经验，还要有资金。

成功的创业是从无到有、从小到大、从弱到强、从生存到发展，一步一个脚印走过来的。因此，创业者需要刻苦学习、勤奋工作，同时还需要善于投资、善于经营、善于应对。

商场如战场，商情如军情，需要信息灵通、决策正确、运作有方，这就要求创业者平时要有积累（包括知识、技能、经验和资本运作）。不打无准备的仗，要打就要打胜仗。

笔者积七十多年之人生经历，打过工、创过业、当过老板，其中有成功，也有失败。现将笔者的心得体会介绍给大家，成功的经验供参考，失败的教训请各位引以为戒。

本书以务实为宗旨，内容丰富，通俗易懂，实用性强，适合有志于创业的人士阅读和参考，是创业人士的好参谋，好帮手。

作　者

2016 年 8 月

目录 CONTENTS

第一章　为什么要创业当老板

一、什么叫创业

创业，是指创立基业。按现代人的说法，创业是指通过努力，拥有属于自己的产业（实业）。例如，通过努力拥有下面的其中一项就可称之为创业：

（1）拥有属于自己的工厂。

（2）拥有属于自己的公司。

（3）拥有属于自己的商店。

（4）拥有属于自己的房地产业（如店铺、楼房、别墅区等）。

（5）拥有属于自己的农场（如林场、果园、种植场、饲养场、畜牧场、茶场等）。

（6）拥有属于自己投资的民办学校（如幼儿园、小学、小学、中学、职业学校、大学等）。

（7）拥有自己投资的民办医院（如医务所、医疗站、卫生院等）。

（8）拥有自己投资的其他产业（实业）。

（9）在科技方面拥有自己（或参与合伙）的发明和专利。

二、什么叫老板

老板是指拥有工厂、公司、商店、农场以及其他产业（实业）的人。例如：

（1）民营工厂老板。

（2）民营公司老板。

（3）民营商店老板（包括商场、超市、士多店等各种商店）。

（4）旅店、宾馆老板。

（5）饭店、酒店老板。

（6）小吃店、快餐店、包子店老板。

（7）饲养场老板。

（8）种植场、果园老板。

（9）其他拥有属于自己投资和自主经营的行业老板。

三、自己当老板的好处

1. 自己当家做主，不再打工

自己当老板，无论企业大小，无论规模大小，都是属于自己的，自己可以说了算。

自己当老板，无论是大老板还是小老板，都是老板，不再受雇于人，不用再给人打工。

自己当老板，身份跟打工时不同了，见到其他老板不再觉得低人一等，完全可以平起平坐。

2. 不用寄人篱下

（1）自己当老板，有自己的实业，自主经营和管理，不用寄人篱下。

（2）没遇上好的公司，没遇上好的老板，自己老是“跳槽”，到处找工作、到处找好的公司、到处找好的老板，很烦！很累！与其到处找个好老板，不如自己来当老板。

3. 不用受诸多限制

帮人家打工，年龄大了人家不要，身体不好人家不要，学历不高人家不要。就算录用了，没有高级职称，没有背景，就只能一直打工……

自己创业当老板，就不会有这么多的限制。例如：

（1）传媒大亨邵逸夫，104 岁时依然在当老板。

（2）现在许多民营企业的大老板，并不是个个都有高学历或者高级职称，他们在创业前多是农民或者给别人打工，并没有很高的文化水平。

（3）现在有些民营企业的大老板，虽然是残疾人士，但照样可以创业，照样可以当老板，照样有所作为。

4. 比较自由

自己当老板，可以根据自己的实际情况，安排作息时间及工作内容；可以按自己的理想、目标和兴趣爱好去工作；可以发挥自己的思维和主张，更好地发挥自己的积极性。

5. 有奔头

帮人家打工，即使超额完成任务指标，得到的报酬也只有利润的2%～3%。自己创业，自己当老板，就有利润分配权。

自己创业，自己当老板，赚了钱，可以买楼买车，还可以捐助慈善事业，实现回报社会、造福人民的目标，有奔头！

6. 更能调动自己的积极性

自己当老板，许多事情必须自己去做。要生存，要发展，就不敢懒惰，就不能无所作为。因此，反而促使自己更加刻苦学习，更加勤奋工作，激发自己的积极性。

自己当老板，没那么多的条条框框，没那么多的限制和约束，更能发挥自己的才华。

自己当老板，会有更多的创新思维和创新行动，会有更多、更好的创新产品或创新项目。

7. 有成就感

自己当老板，只要刻苦学习、勤奋工作、善于经营，就会有收获，会得到成就感。自己当老板，用不着一辈子给人家打工，不会总是寄人篱下，总是“为他人作嫁衣裳”，总是看人家的脸色，总是要受人家的约束，总是要受气。

8．创业与不创业，感受不一样

敢于创业、善于创业，与不敢创业、不善于创业，会有不同的感受。

案例一

有一位大企业家，创业前在农村，文化程度不高，身体又有些残疾。几次想去打工，人家都不敢要他。后来，他选择了自己创业，自己当老板。经过刻苦学习、艰苦拼搏，若干年后，他的公司从无到有，从小到大。如今，他公司的产品已经从“中国制造”变为“中国创造”，产品畅销国内外，拥有几百亿的资产，为自己也为国家争了光。

案例二

笔者有一些朋友，年轻时也是给别人打工的。几年后，他们自己出来创业，自己当老板。他们经过多年的刻苦学习、艰苦奋斗，如今都有了自己的产业，手下员工成百上千人。如果他们一直在打工，就始终受雇于人，难成大业。

案例三

笔者还有一些朋友、同事，为民营企业打工20多年，甚至30多年，到自己老了，还没有属于自己的产业，甚至连城中村的房子都买不起。

四、为什么要先打工后创业

1．打工是创业者的必经之路

创业当老板，不是空想就能实现的。创业前，对所从事的行业必须熟悉，要掌握市场、运营、销售、操作、管理等基本知识和技能。创业，不能“闭门造车”，不能“纸上谈兵”！实践证明：打工，是创业者的必经之路！

试问：

（1）你没在饭店（酒楼）工作过，你怎么能开饭店（酒楼）？

（2）你没在商店（商场）工作过，你怎么能开商店（商场）？

（3）你没在服装厂工作过，你怎么能开服装厂？

（4）你没在鞋厂工作过，你怎么能开鞋厂？

（5）还有许多行业，如果你没做过，你不懂行业相关知识，你就难以经营，你就会失败！

案例

笔者有两个朋友就是先打工后创业的成功典范。一个朋友是初中毕业后来广州的服装厂打工的，积累了生产和销售的经验后自己开了一家服装公司，借助原来的销售渠道及创新的网上销售，经营规模已经超过了以前打工的服装厂。

另一个朋友是中专毕业后来广州打工的，工作是推销医疗器械，每月的收入由两三千元逐步增长到一万多元。后来这朋友发觉自己积累的人脉和经验足够多了，时机也成熟了，就自己出来创业，成立了自己的医疗器械公司。现在在北京和上海也有了自己的分公司。她们俩最大的感受就是：“想创业，先打工！打工时锻炼自己，创业时少走弯路！”

无论什么行业，都需要一定的专业知识和技能，需要懂得如何操作与经营。如果没有基础，一问三不知，你就很难创业，你这个老板就难当！

2. **打工可以锻炼自己**

创业当老板，听起来很风光。其实，创业是很艰苦的，当老板也不是很轻松的！没有经过打工的锻炼，没有经历风雨、没有受过苦的人是坚持不下去的。

创业前先打工，经过几年的磨炼，经得起风浪，克服得了困难，才能去创业，才能当老板。

宝剑锋从磨砺出，梅花香自苦寒来，说的就是这个道理。

案例一

香港首富李嘉诚，创业前也是给人打工的。第一次打工是在茶楼当跑堂（茶楼最低等、最卑微的职务），为顾客端茶倒水、端盆子、抹桌子、扫地、做杂工。虽然很辛苦、地位很低，但能见识到各行各业的人物，广闻博采，了解社会，学会观察各色各样的人，学会跟各种人物打交道。后来，李嘉诚又在五金厂、塑胶厂当推销员。他每天工作16～20小时，挨家挨户去推销公司的产品。虽然很辛苦，但学会了观察市场、了解了市场的需求、掌握了营销技巧。同时，也培养了吃苦耐劳的品质。

那个年代，没有手机、没有电脑，也没钱坐汽车，自行车也买不起，李嘉诚就靠两条腿走路。他吃过许多苦，却增长了知识、积累了经验、磨炼了自己，为他以后的创业成功打下了坚实的基础。

案例二

日本著名企业家原一平，创业前也只是一个小小的业务员。每个月要出去派1万张名片，每天要走访15位客户，没完成任务就不回家。虽然日子过得很艰辛，但通过接触社会，了解社会的需求，学到了许多课堂上学不到的知识。通过实践，他学会了营销，学会了做生意，为他以后创业的成功，打下了坚实的基础。

案例三

笔者认识的许多物流公司的大老板，创业前都在物流公司打过工，物流行业的每道工序他们都熟悉，也都会操作。后来，他们自己开了物流公司，许多业务和运作他们都懂，许多问题都难不住他们。成本核算、盈亏核算、风险规避……他们心中有数，决策实在、可行，运营得当，创业当然也就成功了！

3. 打工可以积累经验

在打工的过程中，亲自参与操作及运营，只要有心、用心，就可以学到许多知识和技能，对以后的创业会有很大的帮助。许多行业，是易学难精，这就需要在实践中积累经验，需要时就得心应手了。

十年磨一剑，厚积薄发，青出于蓝而胜于蓝。

许多成功的大企业家、大老板，创业前都是给人家打工的，他们当过搬运工、推销员、店员、服务员、杂工、小职员、司机、保安等，在打工的过程中，他们亲自融入社会，亲身体验人生，耳闻目睹世间百态，经历过风风雨雨，品尝过酸甜苦辣。虽然吃过许多苦，但懂得了为人处事的道理，学到了许多知识和技能，积累了许多经验，为以后创业的成功打下了基础。

即使是“富二代”，也需要通过打工积累经验。香港首富李嘉诚家大业大，富甲一方，可是，在他的儿子的读书期间，李嘉诚只给他们基本的生活费，课余时间也要他们去打工，去经受磨炼。由此可见，创业前必须先打工，这已经成了成功人士的共识。

世界上任何成功的创业者，都不可能一生下来就是成功的，也不可能永远一帆风顺。每一位成功的创业者都是千锤百炼而成的。可以这样说：每一位成功的创业者，都有一本用血汗写成的创业史。

第二章　你适合当老板吗

一、哪些人适合创业当老板

1．有志于创业当老板的人士

一个人要做成一件事，首先是志向和兴趣。凡是对某件事有志向、有兴趣的人，就可以把这件事做成、做好。创业也是如此，有志于创业，有志于当老板的人士，就会朝着这个方向和目标努力，就会主动、积极、认真地去实现自己的理想。常言道：有志者，事竟成，就是这个道理。

2．有一定社会经历的人士

创业是直接接触社会，要跟各种各样的人物打交道，要处理许多实际问题和实际困难。如果创业者有一定的社会经历，就能左右逢源，就能克服困难，就能成功。如果没有社会经历或者经历薄弱，就很难应对复杂的社会、复杂的人物以及复杂的市场，创业就很艰难，甚至会遭遇失败。所以，创业者在创业前必须参加社会实践，了解社会、适应社会，了解市场、适应市场，增长见闻，积累经验，为创业打下基础。

3．有一定技能的人士

任何行业，都需要学问，都需要技能。先不谈那些高端科技，仅举几个日常中的例子。比如开个理发店，你必须会帮人家理发；开个包子店，你必须会做各种各样的包点；开个手机店，你必须懂各种牌子的手机型号和性能；开个家电维修店，你必须熟悉家电产品的各个零部件的作用及故障排除方法；开个自行车修理店，你必须会修各种自行车。没有一技之长的人，是不能创业的。如果你没有一技之长，还是老老实实先打工吧，等以后有了技能再创业。

4．能吃苦的人

创业是很艰苦的。任何创业者想要成功，都需要付出很大的代价，没有哪一种创业是可以轻轻松松就取得成功的。实践证明：任何成果都是辛勤劳动的结晶，任何成功人士都有一本血汗史。

5. 勤快的人

创业当老板，不是整天坐在办公室里，享受空调、品香茶、聊天……创业当老板，不能优哉游哉。创业，要联系业务，要实际操作，要质量把关，要售后服务，要跑市场、银行、工商、税务、环保……每项工作都不能怠慢。市场如战场，千变万化，轮不到你拖拖拉拉，否则，就会耽误商机，就会失败！只有勤快的人，才能创业，才能当老板。

6. 做事有魄力的人

创业当老板，需要做的事情很多，有些事情还很棘手，这就需要有魄力。做事有魄力的人，遇到困难险阻，能勇挑重担、克服困难、转危为安。反之，如果做人做事斤斤计较、患得患失、优柔寡断、贪小失大，那么注定是不能成功的。

7. 善于谋略之人

商场如战场，必须能攻善守。既懂战略，又懂战术，有勇有谋，运筹帷幄，决胜千里。匹夫之勇，难成大器，善于谋略，方成大业。谋略，不是去坑蒙拐骗，而是要按照相关法律法规，遵循经济和市场规律，善于经营。只有既走正道，又懂运营的人，才能创业成功。搞歪门邪道的人，即使一时得逞都只是昙花一现，不会有好下场。

8. 胜不骄，败不馁的人

创业之路，很不平坦，有起有落，司空见惯。取得成功，不应目中无人、趾高气扬、横行霸道；遇到挫折，也不应悲观失望。所以说，胜不骄，败不馁是真正的创业者需要具备的基本素养。

二、哪些人不适合创业当老板

1. 无大志，甘做平庸之辈

没有创基立业的志向，甘愿一辈子做平庸的人，是不能创业当老板的。

案例

1996年，形势好，生意好做。笔者劝几个在某国有企业当临时工的朋友出来创业。其中有几个朋友经启发，出去创业了。但有几个朋友安于现状，不想发展，宁可当临时工，也不愿出去创业。几年后，该公司裁员，连正式工都要下岗，更何况是临时工？那几位不愿出去创业的朋友，最终失业了。

至于那几位出去创业的朋友，经过多年的努力，有些人有了自己的公司，有些人有了自己的商店，都自己当老板了！有房有车，生活稳定。

2. 怕苦怕累，贪图安逸之人

有些人认为：“创业太艰苦了，还是找份安稳的工作，每天舒舒服服地坐在办公室里比较好。”这种人是不能创业，不能当老板的。

其实，无论干哪一行，无论到哪个单位、哪家公司、哪家工厂、哪家商店工作，都有任务指标的，也不见得就很清闲、很舒服。

贪图安逸之人，干什么都不行！别说是创业，打工也没人要！

案例

20世纪80年代，经济形势好，生意好做。某人在广州市某肉菜市场开了个档口，生意不错，也赚了点钱。在那个年代，可以说是“万元户”（比较有钱的人）了。本来，如果再接再厉，继续创业，肯定会有大的发展。可是，他却嫌做生意太辛苦，当老板太操心，倒不如去打工，单纯、舒服些。于是，他把生意做得不错的档口转让了，小老板不当了，打工去了……

若干年后，与他同一时期出来创业的朋友，许多都已经是大老板了！人家是坐着奔驰、宝马去上班，住的是豪宅、别墅，手下大把人给他打工……可是，那位嫌创业辛苦，当老板辛苦的老兄，却还在给人家打工，工资不高，还要看人家脸色过日子。

3. 志大才疏，不学无术之人

虽有雄心壮志，但无一技之长，又不愿刻苦学习，不愿艰苦奋斗的人，是不能创业，不能当老板的。

案例

某人老是想当老板，可却没有一技之长，没有一样真本事。连自己家附近有哪些行业、哪些商店都不知道，更加不知道哪些行业是做什么的、怎样做，甚至连最基本的生活常识也不懂。平时，吃喝玩乐、聊天吹牛倒有一套。然而，创业、做生意，不是小孩子玩泥沙，不是开玩笑的，搞不好会亏本，甚至倾家荡产。如果你没有实实在在的技能，做人做事不踏实，是不能创业，不能当老板的。

4. 虚浮之人

创业当老板，必须踏踏实实，来不得半点虚浮，不能夸夸其谈，更不能纸上谈兵。做人做事虚浮的人，是不能创业当老板的。

案例

2000 年，笔者在东莞某公司任总经理。公司有 500 亩场地，有贸易、物流、房地产、酒店娱乐场所等营业执照，老板不仅有资金，而且在当地还有许多社会关系和社会资源，许多项目和生意是可以做的。而且那个年代形势比较好，生意比较好做。若能抓住机遇，充分利用这么好的环境和资源，创业肯定能大有作为。

那时笔者在广州有几个朋友，学历高、资历高，还有高级职称，能说会道，理论一套一套的。他们也想干大事，想创业当大老板。

笔者派专车把他们从广州接到东莞，参观考察了我们的公司，老板也接见了他们，还开了座谈会，介绍了当地及东莞的优势。

可是，几年过去了，他们没有一条可靠的信息，更没有一个可行的项目。说得好听，没有行动，光打雷，不下雨！这样的人能创业吗？能当老板吗？后来事实证明：那几个人一事无成！

5. 急功近利之人

以为一开张就能发大财，就能当大老板，这种人是不能创业当老板的。如果一开张就能发大财，那世界上就没有穷人了！

6. 做事拖拖拉拉之人

商场如战场，如果做事拖拖拉拉，就会耽误商机影响生意，这种人是不能创业当老板的。

7. 迂腐之人

以下三种人是迂腐之人：

（1）思想陈腐、观念落后、头脑死板、抵制新鲜事物的人。

（2）没有生意头脑，不懂得灵活应变的人；条条框框太多，书生气十足，不会随机应变的人。

（3）守旧、陈腐、缺乏改革创新精神的人。

迂腐之人是不能创业当老板的。

8. 理论脱离实际之人

（1）理论一套套，就是不实用。

（2）理论脱离实际，爱“纸上谈兵”，爱“闭门造车”。

（3）放不下架子，只能坐办公室，不能跑现场；只能出厅堂，不能下厨房。

（4）喜欢搞“高、大、全”（高起点、大规模、全方位），不切实际。

（5）喜欢照搬国外的理论，不考虑我国的实际情况。

理论脱离实际之人是不能创业当老板的。

9. 资历太高之人

（1）自命不凡，爱摆老资格，爱炫耀自己过去的光辉事迹。创业，应是从零开始，以前的辉煌是以前的事，靠吃老本，是不能创业的。

（2）放不下架子，看不起平凡的行业，大事做不来，小事不愿做。这种人，不能创业，不能当老板。

10. 患得患失之人

创业，做生意，肯定有起伏，有时候盈利，有时候亏本，还要面临各种各样的风险。斤斤计较、患得患失之人往往目光短浅，贪小失大，浮躁，做人做事只顾眼前的蝇头小利，缺乏大局观念，没有远见，难成大器。

11. 家庭经济困难之人

创业需要较长时间的准备，成功与否还是个未知数。如果不顾家庭，盲目离职去创业，难度大、风险大，有后顾之忧，应三思而行。社会上有许多人，家里上有老，下有小，一家几口的生活全靠一个人的工资来维持（如果家里有病人，那就更困难了）。如果你是家庭经济的顶梁柱，那么就别贸然辞职去创业，一是没资金，二是风险太大，还是先保住一家几口的饭碗，至于创业，以后再说。

12. 小气之人

有些人心胸狭窄，小肚鸡肠，一点小事就大惊小怪，一点小问题就想不开，一点小利也不让。这样的人表面上看很精明，但有时候却很蠢，聪明反被聪明误！

有这样一个故事：一个农村妇女提着一大篮鸡蛋，到镇上去卖。做买卖肯定是卖方开价，买方还价，只要价格不离谱，卖方能赚钱，差不多就可以卖了。可是，那个农村妇女不会做生意，差一分钱都不肯卖。一直守到太阳下山，街上已经没几个人了，一篮子鸡蛋还有许多没有卖出去，她只好提着那篮子鸡蛋回家。可是，因为又累又饿，加上鸡蛋没卖完，心情不好，她被路上的一块石头绊倒了，爬起来一看，篮子里的鸡蛋全打烂了！

社会上确实有这么一种人，小气、固执、一分一毫都不肯让步，宁可让货物烂掉，也不出手。何苦呢，出来创业、做生意，是为了求财，不是为了斗气！因此，小气之人、心胸狭窄之人、没有度量之人，是不能做生意、不能创业当老板的。

13. 社会经验浅薄之人

缺乏社会经验，对社会、对市场、对群众的需求缺乏了解和研究的人，是很难创业的。

14. 缺乏知识和技能之人

每一个行业，都需要知识和技能，如果你什么都不懂（或者是一知半解），是不能创业，不能当老板的。

第三章　创业当老板需要哪些条件

一、要有志气

（1）立下志愿，不甘做平庸之人，要创基立业，要当老板，要当企业家。

（2）不愿寄人篱下，要自己出来创业当老板。

（3）不愿受人颐指气使，要自己当家做主。

（4）通过创业，既为自己、为家庭，也为社会做贡献。

（5）有了志气，就有理想、有追求、有目标、有动力、有积极性，就会自觉地刻苦学习、勤奋工作，做出成绩来。

二、要有良好的心态

做人做事，心态很重要。世间的许多事情，诸如喜怒哀乐，名利得失，成功与失败，与本人的心态和性格有很大关系。

实践证明：有什么样的心态，就有什么样的表现，也就有什么样的结果。

因此，创业当老板，需具有下列几种心态：

（1）创业当老板，是自己对事业的追求，有奋斗目标和较高的精神境界。

（2）创业当老板，既是为了自己能当家做主，也是为了能更好地为社会服务。

（3）创业当老板，要走正道，不搞歪门邪道。

（4）创业当老板，能否成功是个未知数，要有心理上的准备，要有“万一创业失败了，我再去打工”的准备。

（5）得意不忘形，失意不悲观。

三、要有胆识

（1）勇气和谋略，是创业必须具备的要素。

（2）敢于实践，不迷信、不依赖、不等待，只要有6成的把握，就大胆干！

（3）正确认识和对待创业的艰难险阻，既不盲目乐观，也不悲观失望。

（4）科学、辩证地分析问题和解决问题。

（5）对创业的困难和挫折，要有心理上和资金上的准备，要有应对措施，才能遇变不惊、沉着应对，转危为安。

（6）胆识和魄力，是创业者的灵魂和核心。创业者应具有不怕困难、不怕挫折、善于思考、善于应对的勇气和能力，同时要有敢于创新的精神。

（7）有优势才有竞争力，创业者应具有创造优势、提升竞争力的本事。

四、要有资金

创业必须有资金。理由如下：

（1）20世纪80年代时，中国刚刚搞改革开放，政策宽松、物价低，几千元就可以开商店、开工厂、开公司。可是，那个环境、那种机遇，已经一去不复返了！

（2）时代不同了，创业是需要真金白银的，没资金怎么创业！

开个小小的士多店，每月铺租4 000～6 000元，采购商品要资金，日常开支要资金。

开个理发店，每月铺租4 000～6 000元，还要买设备、工具，支付工作人员工资、水电费。

开个小吃店，每月铺租6 000～8 000元，还要买设备、厨具、餐具、材料，以及支付工作人员工资、水电费等。

开个小小的修理店，每月铺租5 000～8 000元，还要买设备、工具、材料，以及支付工作人员工资、水电费等。

开个小公司，要租写字楼，每月租金8 000～10 000元，还要买办公用品，要支付工作人员工资等。

开个小种植场、饲养场、果园，要买肥料、饲料，要支付承包费和工作人员工资等。

（3）创业不是一开始就能收回成本，更不是一下子就能赚钱的！起码要有半年至一年的市场培育期，最后能否成功还是个未知数。

没有资金（或资金不足）就玩不起、亏不起、守不住！

（4）没有资金，没有经济基础，千万不可孤注一掷，亏了怎么办？特别是通过贷款、借钱来创业，一旦亏了，破产了，没有还债能力，很容易出事的！

（5）巧妇难为无米之炊，现在的社会，做什么事都要钱。如果你的资金不足，就先别谈创业，待积累了足够的资金，再来谈吧。

五、要有专业知识和技能

各行各业都有学问、有技巧，都需要实操的技能和经验。如果创业者对该行业一点都不懂，是无法成功的。

常言道：不熟不做，就是说要做自己熟悉的事情。因此，创业前，应问问自己：我会做什么？我能做什么？根据自己的特长，选择创业的项目，做起来才得心应手。诚然，可以边干边学，但连最基本、最起码的常识和技能都不懂，是不行的。

掌握基本常识和技能最好的办法是：

（1）打工的时候，留心看，认真学；多实操，记得牢。

（2）现在社会上有各种各样的职业学校、技工学校、职业培训班，交点学费，学点真本事，创业的时候用得上。

请注意：不学无术之人，干什么都不行！到哪里都不行！

案例一

有两位年轻人，出国留学，毕业后回来创业，开了间面包店。他们只会吃面包，却不会做面包，更不会经营管理，结果亏了，面包店也关门了。

案例二

20世纪50年代，塑胶花刚上市，就很受欢迎。意大利的塑胶花最受欢迎，因为其款式多姿多彩、鲜艳夺目、以假乱真，常常供不应求。

李嘉诚苦于自己不懂先进的配方和工艺，于是，亲自前往意大利。可是，人家的配方和工艺是不会轻易外传的。怎么办呢？李嘉诚为了学到意大利塑胶花的先进工艺，决定亲自“打进去”，去一家最有名的塑胶花厂应聘杂工。在当杂工的过程中，他留心观察，并虚心向同事请教，终于学到了意大利塑胶花的先进配方和先进工艺。回到香港后，他通过多次研制，终于造出意大利式的塑胶花，款式、颜色、逼真度都很好，甚至比意大利的塑胶花更有创意。李嘉诚终于打开了世界市场，获得了成功！

六、要有经验

1．社会经验

创业是直接与社会接触，而社会又是很复杂的。创业者（特别是刚出校门，社会经历少的年轻人）创业前应先接触社会、了解社会，积累社会经验。

2. **行业经验**

各行各业都有共性和特性，创业前，应对该行业有一定的了解和认识。

3. **操作经验**

每一种行业都有操作技巧。刚创业，你不懂操作，没经验，老板就难当。虽然你有钱，可以雇专业人员，但成本高，赚到的钱还不够付专业人员的工资，再加上方方面面的开支，你就很容易亏本（实际上是你这个老板在为专业人员打工，还要倒贴钱）。而且，你自己是外行，不懂操作，又没有经验，有些专业人员就可能会欺骗你，你就会很被动。

4. **管理经验**

各行各业都需要管理。当老板的，会管理和不会管理，创业效果截然不同。

不会管理，就会影响企业的运作，就会影响时效、质量、品牌和效益。

七、要有社会资源

1. **要有客户**

无论是哪个行业，客户是关键。客户多，生意才旺；客户少，生意就淡。客似云来，货如轮转，生意才兴旺；门可罗雀，冷冷清清，创业就失败。

2. **要有行家的支援**

行家，既是竞争对手，也是合作伙伴。创业者，有时候是需要行家的互相支援的。例如你是第三方物流公司（有货源，但自己没有运输专线及运输工具的物流公司，称为第三方物流公司），你收到的货物必须找有运输专线的物流公司帮你运走，并送到目的地。同样，有专线运输的物流公司，本身货源不够，也需要第三方物流公司提供货源。资源互补，取长补短，才能正常运作。

3．要有良师益友

常言道："单丝不成线，独木不成林""一个篱笆三个桩，一个好汉三个帮"。创业，不能单枪匹马，不能当"孤家寡人"，应有一些高水平、经验丰富的良师益友，经常交流、沟通，听取他们的经验和教训，这样可以少走弯路，减少损失。同时，还需要一些有业务基础和经济基础的朋友的支持和关照。

4．要有家庭的支持

刚刚创业，是很艰苦的，成功与否是个未知数。创业者一个人单枪匹马、孤军作战，是很吃力的，压力是很大的，需要家庭的支持：

（1）精神上的鼓励。

（2）有人帮你把家看好，照顾好父母和孩子，让创业者没有后顾之忧，全心全意地去创业。

（3）家庭应有一定的经济基础，起码有能力维持家庭的日常开支，创业者才无后顾之忧，才能全心全意地去创业。

八、老板是怎样炼成的

能吃苦，这是所有创业者的共同体会。

任何有成就的创业者，都需要经过艰苦的磨炼。

任何创业者的成功史，实际上都是一部血汗史。

创业，做"开荒牛"，很艰苦。这是因为：

（1）创业（特别是刚创业），许多事情要自己亲力亲为，稍微懒一点都不行！

（2）创业，不可能老待在办公室里休闲地过日子。

（3）创业，不是高谈阔论、指手画脚。

（4）创业，不能“闭门造车”，不能“纸上谈兵”。

（5）创业，要“找米下锅”。要开发新的客户，维护好老的客户。

（6）创业，要主动出去联系业务，要跑市场，还要跑政府有关部门：工商、税务、环保、消防、卫生、城建等。

（7）创业，不是闹着玩的，搞不好就会倾家荡产，创业者不勤快不行！

（8）天上不会掉下金元宝，任何行业都很艰苦，任何成就都凝聚着辛勤的劳动。

庸夫、懒汉是不能创业当老板的！

不能吃苦，怕苦怕累，就别想创业，别想当老板。

案例一

1993年，笔者奉命参与创建中铁广州快运公司。那时候，全国还没有快运公司，许多人（包括铁路系统的人）都不知道中铁快运是干什么的、前景如何、能否搞起来。刚开张时，没有客户，没有业务，笔者必须亲自去开发客户。那时候，没场地，我们就在广州市达道路租了一间房子（约30平方米），既是公司办公室，也是业务室。没钱登广告，笔者就在马路边竖起一块自己制作的招牌。同时，自己骑着一辆破旧的自行车，跑遍了广州市区和郊区的公司、工厂和商店，推销我们公司的服务项目。笔者还找了一本《广东工商黄页》，向省内各地的公司、工厂、商店寄出笔者自编自印的宣传资料。通过这种方法开发客户，既省钱，效果又不错。为了创立品牌，笔者曾经将一件从北京经广州中转到深圳的急件（仪器），亲自送到深圳。笔者在广州—深圳的列车上站了足足5个钟头（那时候列车的速度没现在这么快），才把货物送到深圳。到了深圳，笔者又立即把货物送到收货人那里。此举得到客户的高度称赞，也得到铁道部的表扬。因此，我们公司创立起良好的口碑，好的名声传出去了，我们的业务也就上来了。然而，好事多磨！当我们的业务上来后，新的困难又来了：我们收到的货物到了广州火车站广场后，有关部门要我们把车上的货物全部卸下来检查，还要出示每件货物的发票。天哪！我们车上只有一名司机和一名押货员，车上成百上千件货物，要一件一件地卸下来检查，还要出示每件货物的发票，怎么干得了！而且客户不可能把发票给我们。这可把笔者折腾惨了！因为这个问题，我们耽误了发车时间，还把客户托运的货物搞破损了，既浪费了人力和时间，还得向托运人赔钱，我们公司的名声也被搞坏了！笔者被折腾得焦头烂额。后来，笔者想了个办法：在我们的车上印上“铁道部主办，中国铁路特快专递”。这一招很灵，有关部门看见是中央铁道部主办，来头大，又是国营单位，不会有问题，于是撤销过去的苛求，我们的问题也就解决了！

树欲静而风不止。我们的创业一波未平，一波又起。因为我们公司是和全国铁路系统联合经营和运作的，中转环节多，差错事故常有发生。我们有一批从广州发往北京的高档货物，在北京站被弄丢了。客户（发货人）不管那么多，货物是交给广州快运公司托运的，当然要广州方面赔偿。为了维护公司的品牌和声誉，我们只好赔偿客户人民币5万元（当时的5万元，可不是个小数目）。

随着国家政策放宽，市场放宽，快运公司在全国各地涌现，市场竞争十分激烈。笔者作为创业者，必须与时俱进，抓市场调查，抓成本核算，抓开源节流。同时，既要维护老客户，又要开发新客户，还要抓公司内部整理……里里外外，都要动脑筋、想办法，抓行动、抓落实。日夜奔波劳碌，确实很辛苦！

案例二

2001年，公司要在东莞市设立分公司。总部派笔者带领一班年轻人，到东莞市搞市场开发。到了东莞市，我们都住在集体宿舍里，每天早上八点集中，由笔者布置任务以后，那班年轻人就分头出发，到东莞市的各个工业区去上门走访，派发名片和公司简介、开发新的客户。他们日晒雨淋，风里来雨里去……中午厂家休息，他们就在马路边、树荫下稍作休息，吃点干粮。等到下午两点，厂家上班了，他们又挨家挨户去走访，去揽业务。晚上回到驻地，还要开“碰头会”，各人汇报当天的工作情况，然后大家进行研讨，制订明天的行动计划。从早忙到晚，很累，很辛苦。但经过一段时期的开发行动，那班年轻人都开发到一些客户，而且都得到了锻炼。若干年后，他们当中有的自己当了老板，有的当上了经理、总经理。他们都深有体会地说：“那时候搞开发、当‘开荒牛’，确实很辛苦，但是能锻炼人，为后来的发展打下了基础。”

从以上案例可知，在创业过程中，总会遇到各种各样的问题与困难。创业者的成功，确实是经历过千锤百炼的。作为创业者，对风险和困难要有心理上的准备，还要有善于应对的勇气和魄力。

第四章　干哪一种行业好

想创业的人士，往往会问：干哪一种行业好？是的，要把意向、目标、定位确定下来，才好朝着这个方向和目标去努力，这是对的。那么，刚创业的人士，干哪一种行业好呢？

一、行行出状元

首先，创业者在观念上必须要有比较正确的、比较实在的认识。那就是：行行出状元！

常言道：三百六十行，行行出状元。这话是千真万确的。笔者七十多年的人生，对此深有体会。

世界上任何行业、任何职业，都没有高低贵贱之分。谁能在该行业中做出成绩，为社会、为人民群众做出贡献，谁就是胜利者，就是成功人士，就是英雄好汉！

据笔者所知，现在许多创业成功的人士，刚创业时，往往是从事各种小本生意的，经过精心经营，若干年后，他们的生意越做越大，资本越积越多，经验越来越丰富。他们在各个行业中有所作为，既为自己，也为社会做出了成绩。他们当中，有许多人已经是资本过亿，手下员工成千上万，成为该行业的成功人士。

二、勿以事小而不为

创业，不能只想着做那些所谓“体面的”“高贵的”行业，不要以为只有银行、房地产、进出口贸易等才体面、才够棒、才够威风。事实上，许多被人们视为“小玩意”“不体面”“不高贵”的“小行业”，同样受人喜爱和欢迎。从事那些小行业，同样可以业绩辉煌，名利双收！例如：

1. 小小方便面，风靡全球

方便面的创始人安藤百福在1958年发明并开始经营方便面。当时，谁也没想到，这块小小的方便面，竟然这么受欢迎，不仅进入了千家万户，而且风靡全球！

2. 小小饮食业，成为大企业

家喻户晓的麦当劳、肯德基，刚刚创业时，只是搞些小饮食，创办人没想到，后来竟然会如此受欢迎，更没想到的是麦当劳、肯德基会成为全世界的知名品牌。

3. 小小零售业，生意做到世界各地

沃尔玛创业时，只是做商品零售的小生意，在当时，也是被人瞧不起的小行业。可是若干年后，沃尔玛的生意越做越旺，企业越做越大，最后竟然走出国门，走向世界！零售业的沃尔玛，现在已经是世界级的大企业，并荣登美国富豪榜！

4. 帮人家跑腿，成为世界物流业巨头

美国联邦快递公司，创业初期，只有几个青年人帮人家传送小件物品，为客户提供跑腿服务，是所谓的“低级行业”，是被人瞧不起的“小行业”“偏行业”。可是，若干年后，联邦快递凭借方便快捷的服务，深受社会各界的欢迎和好评。联邦快递公司，不断改进和提高服务水平，并且善于经营，从此生意兴隆，财源广进，公司得到巩固和发展。如今，联邦快递公司，在全球都有业务网点。公司实力雄厚，拥有货运飞机500多架、40多万员工、10多万辆快递汽车，已经成为世界级的物流行业巨头，并荣登美国富豪榜！

5. 搬搬抬抬，成为新兴行业

改革开放以前，中国是没有搬家公司这个行业的。广州市有一位年轻人，经常在业余时间帮亲戚朋友搬家。大件的家具又大又重，搬出搬进、抬上抬下的，再加上不是专业团队，让搬家的人都很累，有时还会把物品搞坏。而且请亲戚朋友帮忙搬家，麻烦了人家，也欠了人家的人情……

有一天，那位年轻人突发奇想：成立一家专业的民营搬家公司！于是，开始筹备并最终成立了中国第一家民营搬家公司。

在改革开放初期，搬家公司这个新行业，别人一听就觉得是搬搬抬抬的“低级行业”，是被人瞧不起的行业！可是，那位年轻人用心把这个行业做好了，做成功了！搬家公司以其独特的服务方式，越来越受到大家的欢迎和好评！因为找专业的搬家公司搬家，有许多好处：

（1）专业、有经验，不会把物品搞坏。

（2）方便，一个电话就能来。

（3）快捷，搬家公司有专用车辆和专业人员。

（4）收费不高，容易接受。

（5）搬家再也不用麻烦亲戚朋友了，不用欠人家的人情。

有这么多好处，自然就会受到大家的欢迎和好评。于是，许多人都乐意找搬家公司来搬家，就连广播电台、白云机场等大单位要搬迁，也找他们。

国务院知道后，称赞这种创举，赞誉搬家公司为“第七十三种行业”。

如今，这位年轻人创办的民营搬家公司，已经发展成为集团公司，实力雄厚，规模大，名气大！

在他们的带动下，社会上陆陆续续出现了许多搬家公司并形成了一种行业，深受人们的欢迎。

6. 小小的娃哈哈，成就了全国首富

娃哈哈，是一种儿童营养饮料，1989 年以前，许多人瞧不起这种卖儿童营养饮料的小生意，认为这是“小儿科”，更没人去注意，没人去开发。可是，1987 年，当时 42 岁的某校办企业经销部的宗庆后，却敢于“吃螃蟹”，他想到中国有上亿的少年儿童，开发他们需要和喜欢的饮品，应该会有潜力、有市场（这就是创业者的远见和胆识）。于是，他上门请有关专家帮忙研制儿童饮料。经过努力，第一批娃哈哈儿童营养饮料研制成功，再加上善于经营管理，善于营销，该产品一炮走红，风靡全国！至 1990 年，创业只有短短几年的娃哈哈集团产值已经突破亿元，为娃哈哈集团董事长后来一度成为全国首富打下了坚实的基础。

三、要有特色

社会的需求是多种多样的，但是，行业竞争很激烈。“瘦田无人耕，耕开有人争”，历来如此。创业者，该怎么办?

1. 善于思考，善于应对

同一行业，竞争激烈，各个行业都普遍存在这种情况。然而，世界上没有永恒不变的事物，行业竞争也是会变化的。创业者只要善于思考，善于应对，调整策略，推陈出新，找到突破口，就有机会冲出重围，创造奇迹。

2. 创造特色

必须有优势才能在竞争中获胜，特色就是优势！创业者们不必惧怕那些老企业（老企业虽然有优势，但也有缺点）。在行业竞争中，只要创业者在经营和管理方面改革创新，保持灵活、独特、优质、高效，做到人无我有，人有我优，人优我奇，所开发的商品或服务对客户有吸引力，在行业中口碑好，就能成为该行业的一匹黑马、一颗明星。“学无前后，达者为师”“革命不分先后”就是这个道理。

案例一

电信行业中，最早时期的“BB机”风靡一时。市场饱和了，竞争激烈了，厂家和商家就推出“大哥大”手提移动电话（最早的手机）。这款移动电话在当时的市场是一种新颖商品，很有特色，因此受到了人们的欢迎。后来，该行业的厂家和商家，又研制出袖珍式手机，该款手机体积小，携带方便，符合大众的需要，于是迅速地打开了市场。再后来，该行业的厂家和商家，根据人们的需求又推出了具备照相、上网、娱乐等功能的手机。该行业的厂家和商家很聪明，很会做生意，总能敏锐地挖掘出人们新的需求，不断推陈出新，创造出独具特色又有市场的产品。

案例二

以前，托运行李、包裹、小件物品，要到很远的火车站办理托运，还要排队，很麻烦！物品到达后，收货人又要到很远的火车站提取，很不方便又浪费时间！后来，邮政特快专递以及众多的民营物流公司、快递公司，实行了“门到门”一条龙服务，从托运到收货，都能上门服务。这对当时来说是一种创新，很有特色，受到客户的欢迎。

案例三

有不少“老企业”（垄断行业除外），由于种种原因（其中，主要是经营项目和管理保守、落后、缺乏创新）逐渐老化，业务和效益逐渐衰退。而一些“后起之秀”，却以改革创新、创造特色，走上市场，成为该行业的一匹黑马、一颗明星。能创新，有特色，就有市场，就能后来居上。

以上案例说明：长江后浪推前浪，社会是不断发展，不断前进的。创业也是如此，不断推陈出新，善于创造特色，就能成功。

四、社会的需求就是创业者的目标

社会的需求是多种多样的，老百姓的衣食住行也是包罗万象的，社会需要创业者解决需求，创业者也要以社会的需求为基础，两者是紧密相关的，供和需是相互依赖的。实践证明：有需求就有市场。创业者创业前应深入了解社会需要什么？人民群众需要什么？根据需求，确定自己所要做的行业，这样才有目标，才不致盲目瞎搞。

五、可以转型或改行

在实践中，有时候你的产品（或服务项目）在市场上已经饱和了，或者已经过时落后，被市场淘汰了，那么，你就要“识时务者为俊杰”，该转型就转型，该改行就改行。有时候，往往是“有心栽花花不开，无心插柳柳成荫”，转型或改行后，也许你会干得更好，更有成就。但是要注意：转型或改行，必须根据当时、当地的市场状况而定，必须做好调查研究，切莫毫无根据地转型或改行，切莫三心二意，否则浪费资金、浪费时间，到头来一事无成。所以，创业者在创业前夕，就要对该行业、该产品、该项目以及当地的市场状况进行认真的市场调查，并经过认真论证后才可决定做还是不做。决定要做，就要下功夫做好，让你的创业开花结果。

六、有些“行业”千万不要做

下列违法犯罪的“行业”千万不要做：

(1) 制毒贩毒。

（2）拐卖人口。

（3）制假贩假。

（4）网络电信诈骗。

（5）传销。

（6）色情服务。

（7）开赌场（或赌博）。

七、主要行业简况

1．粮油行业

粮油行业主要经营大米、面粉、豆类、米面制品、食用油等。民以食为天，肯定有生意。

2．食品行业

食品行业主要经营饼干、糖果、奶制品等日常生活的食品种类。食品是人们生活的基础，需求量大，销售有保障。

3．餐饮行业

餐饮行业主要经营粥、粉、面、饭、包点等熟食，方便人们解决一日三餐。

4．食杂行业

食杂行业主要经营调味品、烟、酒、茶叶以及其他食杂。所经营的商品属于日常生活用品，有一定销路。

5．服装行业

服装行业主要经营各种类型的服装。需求量大，生意有得做。

6．家电行业

家电行业主要经营电视机、电冰箱、洗衣机、空调机、电风扇、电饭煲、微波炉、抽油烟机、消毒碗柜等家用电器，市场需求很大。

7. **家具行业**

家具行业主要经营各式各样的家具。家具是家庭和单位的必需品，市场需求大、销售量大、有销路。

8. **文具行业**

文具行业主要经营各式各样的文具。很多场合都需要文具，需求量大，生意有得做。

9. **医药行业**

人类总会得各种各样的疾病。现在的人，生活条件变好了，经济收入提高了，也开始注意身体健康了，稍微有点不舒服，就会寻医问药。因此，医药行业风生水起，很有市场。

10. **保健行业**

现在的人，经济条件好转，比较爱惜身体。保健治疗、保健食品、保健用品销路好，有市场。

11. **五金行业**

五金行业主要经营金属制品、零配件、小五金等，用途广，家庭及单位都要买，有市场。

12. **建材行业**

建材行业主要经营钢材、木材、水泥、地砖、瓷砖、夹板、铝型材、石材等建筑材料，用途广、需求量大，有市场。

13. **电子行业**

现在是电子时代，电子产品遍及各行各业，经营各种电子类产品、元件、配件、材料、用品，需求量大，这一行业肯定有得做。

14. 电脑、手机行业

电脑、手机已经普及到各行各业，进入千家万户，连老人、小孩都喜欢。这个行业，社会需求量很大，销路很大，生意肯定有得做。

15. 电工行业

日常的生产、生活都离不开电。因此，电线、电缆、插座、开关、变压器等电工产品，用途很广、需求量很大，肯定有市场。

16. 网络行业

现在流行网络、电子商务，网络行业如火如荼，各行各业大搞互联网。网络行业符合现代社会的需求，市场潜力还很大。

17. 装修行业

现代人讲究装潢，装修注重美观、体面。搞房屋装修、店铺装修，生意有得做。

18. 维修行业

家电维修、手机维修、电脑维修、汽车维修、水电维修、房屋维修……社会需求量很大，生意肯定有得做。

19. 家政行业

随着城市化进程的加快，城市人口越来越多，年轻人要到城市去打拼，根本没时间照顾家里的老人、小孩。因此，保姆、钟点工、月嫂、清洁工等职业的社会需求量很大，作为中介的家政行业也就应运而生，十分受欢迎。家政行业既能创业赚钱，又能为千家万户排忧解难。

20. 印刷行业

各行各业，都少不了印刷品，社会需求量大。

21. 广告行业

现代人搞营销，爱打广告。各种商业广告、商业促销活动、媒体，都有生意做。

22. 礼品行业

现在的人，爱通过送礼来表达心意。礼品丰富多彩、琳琅满目，有市场。

23. 化工行业

化工产品用途很广，社会需求量大，肯定有生意。

24. 物流行业

随着我国经济的发展，各行各业兴旺发达，商品流通活跃，物流行业遇上好时机，货如轮转、财源广进。

25. 房地产行业

众所周知，时下我国所有行业中，房地产行业是最耀眼的新星，最吸引人的行业，也是赚大钱的行业。至于初创业者，房地产开发商这一角色很难轮到你，但可以先搞房屋中介（房屋楼盘买卖中介，房屋店铺、写字楼、停车库、仓库、物业租赁中介），肯定有生意，肯定能赚钱。

26. 种植行业

种植行业的产品（例如粮食、蔬菜、水果等）是人们日常生活的必需品，需求量很大，肯定有得做。（注意：种植行业受自然灾害影响，有风险。）

27. 养殖行业

养殖行业的产品是人们饭桌上的必备品，社会需求量很大，肯定有生意。（注意：养殖行业受自然灾害影响，有风险。）

八、适合初创业者的行业

1. 小型饮食业

民以食为天，食品是人们日常生活中的必需品，因此，经营小型饮食业生意比较好做而且投资少、风险低、见效快。小型饮食业，包括下列几种：

（1）粥、粉、面小吃店。

粥、粉、面是人们比较喜欢的食物，而且是人们吃早餐时经常会选择的食物。很多人都懒得在家做早餐，特别是打工一族，每天早上要赶时间上班，没时间在家自己做早餐，于是，都喜欢到小吃店，简简单单吃点粥、粉、面，或者打包带走，既方便又省时间，价格还不贵。有时候，外出办事，肚子饿了，也爱到小吃店找点吃的。因此，这类小吃店的生意特别好。

开间粥、粉、面小吃店，投资不多，设备也不复杂，也不需要太多的人手。现买现卖，资金回笼快，而且没什么风险，属于短平快的行业。

附小食店成本及收益情况（供参考）

店铺面积：30～100平方米。

租金：视地段及店铺面积而定。

厨具：一般小吃店的厨具。

桌椅：一般的餐桌及凳子。

餐具：一般小吃店的餐具（碗、筷、汤匙、打包盒等）。

冰箱（冰柜）：大小视储藏的需要而定。

消毒设备：小吃店餐具、用具、工具的消毒。

水电：视用量而定。

煤气：视用量而定。

材料：制作食物的各种材料。

人工：视规模及营业情况而定。刚开始时，为了节省成本，人员不宜太多，够用就可以了。待生意做旺了，再增加人手。

装修：小吃店不需要搞豪华装修，把卫生搞好就可以了。

其他：流动金（周转金）及其他支出。

利润：正常情况下，利润一般在10% ~40%。

风险：一般没什么风险。

（2）包子店。

许多家庭（特别是北方人的家庭）平时喜欢吃包子、馒头、葱油卷、煎饼、豆浆等，自己在家做很麻烦，到包子店买，既方便又省时间，而且很实惠。笔者发现，许多有特色的包子店，生意都很好！顾客经常要排队买，店主收钱都收不过来！特别是上班、下班两个时间段，买的人更多，店主应接不暇，生意十分火爆！

开间包子店，投资不多，店铺不需要太大，设备也不复杂，门面也不需要太多的装修，更不需要太多的人员（3～5人即可）。买多少，卖多少，即时付款，资金回笼快，又没什么风险，确实是短平快的行业。有了基础，有了经验，还可以开多几间连锁店，照样可以成为大老板。

（3）快餐店。

社会上打工一族很多，许多单位、公司、店铺没有饭堂，员工中午不方便回家吃饭，于是，就到附近的快餐店吃快餐（或打个电话叫外卖），对于打工一族来说这样既方便又省时间，花钱也不多，因此，快餐店很受欢迎。如果经营得好，小小快餐店也能赚大钱。

开间快餐店，投资不多，设备也不复杂，店铺也不需要什么装修，把卫生搞好就可以了。员工也不用太多，够用就行，生意做大了，再另外增加人手。快餐店，现买现卖，即时付款，资金回笼快，又没什么风险，确实是短平快的行业。

（4）茶餐厅。

如果有一定的资本，又搞过餐饮行业，那么开一家茶餐厅也是个不错的选择。只要善于经营，生意也不错。（创业者注意：刚接触餐饮业，没有雄厚的资金，没有丰富的经验，不建议开大酒楼，应该从小型饮食业做起。）

2. 理发店

爱美之心人皆有之，随着生活质量的提高，人们都喜欢到理发店美发。特别是年轻人，现在一般都不在家里自己洗头了，花点钱，到理发店洗头、理发、烫发、美发，既方便，又舒服。因此，创业者开间理发店，生意肯定有得做。

刚开始时，先不要搞高档的，搞个中小型的就可以了。中小型的理发店，投资不多，设备不复杂，不需要豪华的装修，人员也不需要太多。

开理发店，资金回笼快，没什么风险。只要店面环境好，手艺好，服务态度好，就能吸引客户，留住客户。

3. 水果店

水果是人们喜爱的食物，社会需求量大。开个水果店，生意肯定有得做。

开水果店，投资不多，不需要什么设备，店铺面积也不需要太大，人员也不需要太多（一个人负责采购，两个人卖货就可以了）。

开水果店，现买现卖，资金回笼快。

4. 电脑店、手机店

现在是电脑时代、手机时代，连小孩、老人都用电脑、手机，消费者很多，需求量很大。开个电脑店、手机店，生意肯定有得做。

只要掌握专业技能，态度好，质量好，善于经营，生意肯定旺！

电脑店、手机店（包括销售、维修），投资不多，设备不复杂，不需要太大的店铺面积，人员也不需要太多，资金回笼快。

5. 自行车店

现在的交通工具虽然很多，但是，许多人觉得坐公交车、地铁很挤，打的花钱太多，还是骑自行车方便、自由、省钱，而且能锻炼身体。于是，自行车又呈复兴景象。创业开间自行车店，生意是有得做的。特别是修理自行车（兼卖自行车附件）的，生意更旺！

开自行车店，投资不多，设备不复杂，店铺面积不需要很大，不需要什么装修，人员也不需要太多，又没什么风险。

6. 儿童服装店、鞋店

大人对小孩特别疼爱，也舍得花钱买衣服、买鞋子给孩子。消费者多，生意有得做。

儿童天生好奇、好玩，创业者要根据儿童的特点，迎合他们的需求，开发出适合他们的产品，生意就会好。

开间儿童服装店、鞋店，投资不多，店铺面积不需要太大，人员也不需要太多，现买现卖，资金回笼快，没什么风险。

7. 家电维修店

每个家庭都有家用电器（电视机、洗衣机、冰箱、空调、电饭煲、微波炉、消毒碗柜、抽油烟机……），家用电器出了点故障，扔掉太可惜，于是，就需要有家电维修店。因此，创业者开间家电维修店，肯定有生意。

开间家电维修店，投资不多，设备也不复杂，店铺面积也不需要太大，也不需要什么装修，但要有懂得专业技术的人员。只要专业技术过硬，服务态度好，市场前景肯定好。

8. **食杂店**

食杂店又称小卖部、小卖店，位于居民区内或传统商业区内，辐射半径约0.3公里，目标顾客以相对固定的居民为主，主要经营各种饮料、休闲食品和油、盐、酱、醋等调味品。

开间食杂店，投资不多，不需要什么设备和专业技术，店铺面积也不需要太大，人员方面只要一个人负责采购进货，1～2个人负责卖货即可。

食杂店，现买现卖，现金交易，资金回笼快，没有什么风险。(注：食杂店卖的品种要多，但每个品种的进货数量应视销售量而定。好卖的品种可多进货，不太好卖的品种应适量进货，以免造成商品积压。)

9. **洗车店**

现在许多人都有小轿车，洗车成了一道必不可少的工序。然而自己洗车太麻烦，大部分人都愿意花点钱到洗车店洗车。因此，创业者开个洗车店，生意肯定有得做。

开间洗车店，投资不多，设备也不复杂，只要善于经营，服务态度好，就能吸引并留住客户。

10. **家政行业**

现在许多人忙着打拼事业，无暇照顾家庭。因此，保姆、月嫂、清洁工、钟点工等职业的社会需求量也就大了。于是，家政行业应运而生。

另外，有些家政公司（中心）除了介绍保姆、月嫂、清洁工、钟点工以外，还经营房屋租赁介绍，搬运、服务员等劳务介绍，生意红火，供不应求。

家政行业，投资少，不需要什么设备，不需要太多的人手，对店面也没有什么特殊的要求。（注：经营家政行业，关键是：①劳动力的来源要充足；②应聘人员的来历要清楚；③店址要选在居民区、社区等人口比较密集的地段；④目标顾客是收入比较宽裕的人群。）

11. **房屋中介**

现在，买房、卖房、有房出租及租房的人很多，需要中介穿针引线，提供各种信息。因此，房屋中介就应运而生。

房屋中介，投资很少，有个店铺就可以了，不需要豪华的装修，也不需要购买什么设备，人员视业务量而定。

经营房屋中介，既不是买家，也不是卖家，没什么风险。只要选个好地段、善于经营，能够留住客户，获得一手房源，生意也就好做了。

12. **女性用品商店**

人们常说："女人的生意好做。"女人喜欢购物，喜欢（也舍得花钱）买衣服、鞋子、包包、化妆品等。创业者可以考虑经营针对女性消费者的商店，生意有得做。

13. **特殊群体衣鞋店**

许多身材特殊的人（如胖子、孕妇等）需要穿适合自己身材的衣服和鞋，但社会上为这些特殊群体提供服务的商店还不是很多，市场还不饱和，创业者可考虑这方面的生意。

第五章　独资与合伙的利与弊

一、独资经营的优点

1. 自己说了算

自己投资创业，无论规模大小，都不受别人的牵制、约束、支配、影响、干扰……自己当老板，完全是独立自主，高度集中权力，自己说了算，干起来痛快！

2. 激发自己的干劲

自己投资创业，自己要挑重担，方方面面、里里外外都要自己操心，许多事情要亲自出马，甜酸苦辣自己尝。因此，更能鞭策自己刻苦学习、勤奋工作，更能激发自己的积极性，充分发挥自己的才智。

3. 省去许多麻烦

自己投资，自己当老板，自己爱怎样搞就怎样搞；跟别人合伙，许多事情要双方（或多方）协商，很麻烦！

二、独资经营的缺点

1. 资本有限，玩不起、做不大、亏不起、守不住

个人的资本有限（特别是那些手头上并无多少资本的人），在实践中，有些项目会因为缺少资金而被迫放弃，错失良机！另外，现代行业竞争激烈，成本上涨、客户赊账……个人资本微薄者，确实玩不起、做不大、亏不起、守不住，甚至最后只好举手投降！

案例

1997 年笔者独资开了家物流公司。要付铺租，要买车辆，要雇工人，还要支付其他费用，再加上有些客户要先交押金才给业务，有些客

户拖欠运费（2～3个月才能支付运费），还有因货物破损、丢失的赔款……造成公司资金周转困难。一个人的资本有限，独力难撑，实在招架不住！勉强维持尚且艰难，若想发展、增设网点、增购车辆、增加人员……更需要增加资本，增加投资。本来就资金微薄，可以说全部家底都投进去了，哪里还有钱？怎么能奢谈发展呢？

与此相反，广州某物流公司，比笔者的公司晚开业三年，算是“后来者”，但因为他们有6个股东参股，资金充足，实力雄厚，专线开了一条又一条，网点开了一个又一个，生意越做越大。有了充足的资金，就能办许多事，就能参与市场竞争，就能顶住金融风暴、经济危机，就能拓展项目，就能玩得起、亏得起、守得住。在雄厚的资金的支撑下，该公司从小到大，从弱到强，品牌和名气有了，公司的利润也就提升了。

由这个案例可见，资本对创业是何等的重要！如果没有雄厚的资本，企业能撑得住吗？别说发展，连生存都成问题（社会上有一些企业破产倒闭，关键问题就是资金链断了）。

2. 势单力薄，迟早会被淘汰

现在的社会是拼实力、拼品牌、拼优势的时代，行业竞争十分激烈！谁的实力雄厚，谁的资金充足，谁的资源丰富，谁就能站稳脚跟，就能经得起惊涛骇浪！

优势从哪里来？品牌从哪里来？离开了资本，许多事情都办不成！

实践证明：独资经营，势单力薄，难成大业！

三、合资经营的优点

1. 资源组合

合资经营，能将分散的、有限的资源（包括资金、业务、场地、设备、人力、物力）聚集起来，增强实力。

许多成功的企业老板，原先是单枪匹马在创业，尝过资本匮乏的苦头。通过实践，他们领悟到：资本薄弱，就难以生存和发展。只有选择联合之路，才能克服许多困难，才能顶住金融风暴、经济危机，才能应对激烈的行业竞争和成本上涨，以及方方面面的困难，才能生存下来，并得以发展壮大。

2．取长补短

合资经营，可以取长补短，实现资源共享、利益共享、风险共担。对于刚创业、资本有限、力量薄弱的创业者来说，是很有好处的。

四、合资经营的缺点

1．婆婆多

合伙人都是股东，都是老板，容易造成“婆婆多”的现象，人心不齐！

案例

1981年，笔者与几位朋友合资开了一家很有规模的公司。由于股东多，个个都是老板，许多观点不能统一，人心不齐，经营管理有阻力。再加上当时政策尚未放宽，合资者本身又七嘴八舌，许多问题讨论来讨论去，耽误了商机，最后只好散伙。

2．股东为私利来

商人皆为利而来。合资者之所以愿意投资参股，说白了，是为了自己的私利。这是实话实说，不必隐瞒，也是可以理解的。因此，参股后，一旦遇到困境，一旦触及自身的利益，就会产生矛盾，很容易造成散伙。

案例

2004 年，笔者与几个朋友合资开了一家物流公司。当时的条件还是不错的：

（1）有现成的营业执照、税务登机证、道路运输许可证。

（2）有场地，有店铺。

（3）参股的人都搞过物流，有一定的资源和经验。

本来，这家物流公司是可以搞起来的。可是，个别股东缺乏全局观念，想的和做的都是先考虑自己的得失，谁都想占便宜，谁都不愿吃亏，人心不齐，各打各的算盘，以至于公司难以生存和发展，最后，以散伙告终。

3. 意见多、分歧多、争执多

合资经营，股东太多，由于各自的心态、观点、水平不同，往往导致意见多、分歧多、争执多，许多事情要经过反复的讨论。报告、文件、资料、预算、决算要逐个审批；开个会，要逐个通知；决议、文件要每个股东签名才能生效，耗费时间与人力，也耽误了商机。事实证明：股东越多，办事效率越低，事越难办成。

4. 争权夺利

如果《股东章程》（或《股东协议》）写得不规范、不详细、不具体，未能成为正式文件，执行力度不够，再加上某些股东心态欠佳，往往就会造成内部争权夺利。

实践说明：股东内部不和，这个联合体肯定会垮台。

案例

1999 年，笔者有几个朋友刚出来创业，合伙开了家公司。笔者帮他们办齐了各种证照，所有的条件都准备好了，而且，那个年代生意好做。可是，那几个朋友干不了多久，就开始争当“老大”，谁都想多分点利润。出力多的，要多分利润，出力少的，也要多分利润……各怀心事，各有打算，哪有心思去开展业务？最后，大家不欢而散！

五、合资经营应注意事项

1. 选择志同道合的合伙人

合伙人志同道合，有利于相处和合作。志同道合，大家就能朝着既定的路线、方针和目标去努力。齐心合力，众志成城，必成大业。如果合伙人志不同、道不合，连相处都很困难，更不用谈合作了。

2. 合伙人的专业要比较接近

与同一专业（同一行业）的人合伙，各方面都容易达成共识。有共同语言、共同感受，办事效率高，效果也更显著。

3. 合伙人要签订《合资协议》

为规范联合体的正常运作，维护整体和投资人的权益，避免日后有争执，合伙人必须事先签订规范的《合资协议》。大的合股公司，应有规范的，通过全体股东讨论、认可、签订的，具有法律效力的《股东章程》。要做到有法可依，有章可循，大家共同遵守，从而达到公平、公正的合作，这样可以避免一些矛盾和争执，对联合体的运作有好处。

《合资协议》（或《股东章程》）的主要内容包括（供公司起草书写公司章程时参考）：

（1）公司宗旨；

（2）公司名称；

（3）公司注册所在地；

（4）合资项目；

（5）股份总额；

（6）每股金额；

(7) 认股方法;

(8) 参股方式(现金、实物、场地等);

(9) 股东权益和义务;

(10) 股东会的组成、职权和议事规则;

(11) 董事及董事长的产生及其职权和义务;

(12) 监事会的组成、职权和议事规则;

(13) 利润分配及风险分摊的办法;

(14) 财务、会计、审计制度的原则;

(15) 股份退出和转让的有关规定;

(16) 终止与清算的办法及程序;

(17) 股东姓名、地址、投资份额;

(18) 股东签字。

六、合伙能让人放心吗

1. 不少创业者对合资经营有顾虑

有人说:合资经营,不能长久,最多只有5年就会散伙;有人说:合资经营,自己会被别人“吃掉”。其实,这些偏见和顾虑,是片面的。社会上绝大多数的大企业,都是合资的股份制企业。无论是对外招股,或者家族内部认股,都是合资经营,很少出现有哪个股东“被吃掉”的情况。

案例

笔者退休前工作过的某大型国有企业,全国所有的铁路局都参股。从1993年到现在,合资经营已经有二十多年,生意越做越大,企业越做越强。

担心合伙后自己会被人家“吃掉”,这是不可能的。合资经营,无论是大股东还是小股东，都受相关法律法规保护，利益共享、风险共担，不存在谁“吃掉”谁的情况。

2. 关键要有规范的《合资协议》(或《股东章程》)

为了防止合伙后有争执，为了确保合伙人的合法权益，为了保证联合体的正常运作，合伙前，必须签订规范的《合资协议》(或《股东章程》)，做到有法可依，有章可循，让合伙人放心。

综上所述，合资经营，利大于弊。只要合伙人规范和遵守相关的合资规定，是可以避免和解决相关矛盾的。

第六章　怎样决策

人世间的成功与失败，喜悦与悲哀，幸福与痛苦，很大程度上取决于决策。创业也是一样，决策正确，创业就能成功；决策错误，创业必败无疑。

创业者应该怎样决策呢？

一、决策要有依据

创业者的决策，必须有较为充分的、可靠的依据。否则，就会使决策者盲目地作出决定，在实践过程中，就会犯错误。

1. 社会的需求

你提供的产品、服务或者业务，社会上是否真的很需要？有多少人需要？是很缺，还是已经饱和了？或者已经落后了，要淘汰了？要对实际情况进行调查和分析，不可凭空想象。

2. 销路

根据社会需求的实际情况，分析产品的销售前景。既不能盲目乐观，也不必悲观失望，但必须用事实说话，用数据说话。市场上的供与求，必须了解清楚。

3. 行业竞争情况

是供不应求，还是供大于求？应有调查资料并进行分析。

4. 自己的优劣势

（1）自己究竟有无优势？有何优势？

（2）要列出自身的优势，才知道自己究竟有多大的能力。同时，自身的缺点不能隐瞒，不能自己骗自己。

5. 风险程度

创业者别总是想着好的方面、顺利的方面、能赚钱的方面，而忽视了可能存在的风险，否则，就会误导了决策。

6. 决策依据要分析、要审核

有些人提供的信息、意见，会有“水分”，或者是道听途说的，或者是过时的，或者是片面的，决策者应进行分析、审核，避免被人误导，造成决策失误。

7. 决策必须实事求是

决策的依据要真实、可靠、可行，然后根据实事求是的原则作出决策。

二、注意动机和效果

有时候，你会想得很美，以为决策一出就能成功。然而愿望和效果，往往不是一致的，甚至是相反的。决策，关键还是要看效果。

三、信息要准确

开发一个项目，首先得收集有关于这个项目的信息，才能决定是否有下一步的行动。但是，有些信息，可能是道听途说的，与现实不符，或者是“老皇历”。如果信息不真实、不准确、不合时代，就会误导决策者，导致项目失败。

因此，对别人提供的信息，自己要认真想一想，仔细分析。此事是真是假？有没有道理？是否可行？并进行核实。凡未经核实的信息，千万不可作为决策的依据。信息未核实之前，不要轻举妄动。否则，行动得越快，“死”得越快！亏得越惨！

案例

1993年，笔者在外经贸总公司工作，从事贸易。那时候，进口钢材很缺，如果能找到货源，就肯定能赚钱。有一天，有人告诉笔者一条“信息”，说他有几千吨进口钢材。他报了价，并拿出一块进口钢材的出厂铭牌（一块小铁皮，上面刻有某某国家名称、生产厂家、出厂日期，是挂在钢材上的一种小牌子）给笔者看。那人指着铭牌对笔者说：“你看，全部是英文字，巴西的，保证是好货。”说罢，要笔者先交5万元的定金，才能带我们去看货。但笔者对这条信息有怀疑，因为当时巴西钢材很缺，他凭什么能搞到这么多？价钱又这么便宜？隔天，笔者自己开车去黄埔港码头，那里堆满了进口钢材，但是没人看管，笔者就随便捡了两块铭牌回来。通过分析和实地考察，笔者证实了那人所讲的货源不是他的，而是捡了块铭牌来骗我们的钱，幸亏笔者没有上当。

四、可行性要论证

现在，许多企业开发项目，一般都懂得先做个“可行性报告”，这是对的。但是，这份报告的情况和数据是否真实可靠呢？分析和结论是否切合实际呢？是否真的可行呢？决策者还是要多问几个为什么。

论证可行性的办法是：召开论证会，请专业人士参加论证，集思广益，并且到现场实地考察。实践告诉我们：未经论证的“可行性报告”不能匆匆忙忙实施，否则，必败无疑！

五、决策者要有自己的立场和主见

决策者固然要走群众路线，但又不能当群众的尾巴，不能人云亦云，更不能被人误导。

决策者应有自己的立场和主见，将大家的意见汇集起来，进行认真的分析、筛选，去其糟粕，取其精华。这样的决策，既有自己的特点，又有群众基础。也就是说，决策既不能独断独行，又不能随波逐流，更不能被人误导。

六、商机不可失

现代的市场经济，就像娃娃的脸——说变就变。因此，在决策的时候，要注意把握时间。项目从策划到正式运作，需要多少时间？当产品正式推向市场的时候，社会的需求有何变化？如果别人的同类产品已经推向市场，而你还在研制，那就被动了。

案例

某公司，苦心经营某种行业的电脑网络。当他们还在埋头研制之时，人家的同类产品已经抢先进入了市场，并广泛推广应用，而这家公司的产品姗姗来迟，只能望洋兴叹了。

既然有心想做某个项目，而且经过论证认为这个项目是可行的，那么，在决策时就要抓紧，就要让新产品尽快出台上市。因为当你在思考、酝酿、策划某一个项目的时候，人家也同样在思考、酝酿和策划，甚至比你先走一步。如果你的决策时间观念强，能抓住机遇，第一代产品卖完了，人家来模仿你，你又去开拓第二代、第三代……这样，你就始终领先，始终处于主动地位。所谓“人无我有，人有我优，人优我奇”就是这个道理。抢占先机，领先市场，就能步步领先，节节胜利。

七、知己知彼，可进可退

决策时，不能太高估自己的能力。既要看到自己的优势，也要看到自己的缺陷，要量力而为，“有多大的头，戴多大的帽”。

有些创业者，在决策时狂妄自大，把自己的一些所谓优势看成是“举世无双”，这是十分有害的。在决策时，必须客观一些，既要看到自己的优势，也要看到自己的劣势；既要考虑顺利与成功的一面，也要考虑困难与失败的一面。这样，在实践中才能随时进行调整和补救，才能可进可退。

八、留有余地

在实际生活中，许多事情在实践过程中都会发生预想不到的事情。做生意也一样，许多事情会出乎意料。因此，决策者在作计划和决策时，必须留有余地。就是说，成本开支要估计多一些，收入利润要估计少一些；顺利的情况要估计少一些，困难的情况要估计多一些。

九、求实务实

商海无边，风云变幻。因此，创业者在决策的时候，应从实际出发，求实务实。

有一些创业者，一味讲究现代化，抛弃那些好的、有市场的、有销路的传统行业，去追求那些市场销路不广的新兴行业。照搬外国的经验，不合我国的国情，不合我国消费者的需求，创业就很容易失败。

实践证明：创业者在决策时，一是要创新，二是要符合我国的国情和社会的实际需求，这样创业才能成功。

十、决策前怎样进行市场调查

1. 正反两方面都要调查

市场调查的目的是为决策提供依据。不能只看到好的方面，而忽略不好的方面。在实践中，正反两方面的情况对于决策都是很重要的，缺少哪方面都不行！否则会使你的决策失败。

2. **情况要真实**

调查的情况不真实，就会误导决策者。所以，创业者在决策时，千万不可道听途说，千万不可走马观花、蜻蜓点水，只看表面现象，只听人家的一面之词，不做多方面的了解，不做反复的推敲。否则，你就得不到真实情况，就会误事。

3. **当“巡城马”——逛街**

现在许多城市都很繁荣，店铺林立，商品琳琅满目、丰富多彩。通过逛街，留心察看，多与生意人交谈，你可以了解到哪些商品好卖，哪些不好卖。但是要注意：必须带着目的去逛街，认认真真地观看、询问和思考，并做好记录，千万不可雾里看花、水中望月。

4. **充当顾客**

把自己当作顾客，直接到商场、商店或者批发市场，了解商品的产地、质量、价格、售后服务、销售情况、顾客意见等，并做好笔记。

5. **多留意信息**

现在是信息时代，消息传播得很快。创业者平时要通过多种渠道了解社会上发生的事情，特别要多留意经济、市场方面的报道、信息和评论，将有参考价值的资料保存下来，经常看看，从中悟出道理，这对创业会有启发和帮助。

为了增长知识，创业者必须广闻博览；为了提高水平，创业者必须勤奋学习；为了开展业务，创业者必须善于利用现代化网络，捕捉信息。

了解和掌握市场动态及有关方面的信息，使创业者开阔视野，增长知识，这也是较好的市场调查。当然，有些报道不一定准确，有些信息也不一定可靠，创业者应善于思考和分辨。

6. 多与亲戚朋友来往

每个人都有亲戚朋友，他们分布在四面八方、各行各业，都拥有一定的信息，都有成功的经验和失败的教训，对问题都有这样或那样的观点。多跟他们来往、交谈、探讨，可以获得大量的信息和经验，这也是较好的调查方法。

7. 多参加商业活动

现在社会上的商业活动很活跃，经常有展销会、博览会、交易会等，商家云集，蕴藏着大好的商机。即使你没有参展，也可以前往考察、了解、咨询。从这些商业活动中，创业者可以收集到不少的信息，了解到不少行情，看到许多新产品，知晓商品的分布和流通，从而开阔创业者的视野，启发创业者的思路，使创业者更好地调整自己的经营策略，提高自己的产品质量及包装，改进自己的产品布局，改善自己的服务质量和销售方式等。

8. 博学

许多成功的创业者，虽然学历不高，但是，他们平时是很重视学习的，常常读书看报，关心社会上的事情，观察和研究社会上的人和事，古今中外都略知一二。这是因为：创业和守业，都要求创业者有知识、有经验。创业者在决策及实践过程中，肯定会遇到这样或那样的问题和困难，如果创业者平时注重学习、知识广博、经验丰富，在决策时考虑问题就比较全面，比较到位，处理问题时就能得心应手。如果创业者平时不好学，知识匮乏、经验浅薄，遇到问题和困难时，就会束手无策、一筹莫展，容易作出错误的决定。

第七章　怎样才能生存和发展

一、怎样才能生存下来

任何事物，必须先有生存，如果连生存都有问题，就更别提发展了。创业也是如此，创业者想的和做的，首先应是怎样才能生存下来。那么，怎样才能生存下来呢？

1. 投资的预算要留有余地

任何新生事物，都有个培育期。刚刚创业的项目，也有个市场培育期（半年至一年），成功与否，是个未知数。因此，创业者刚创业时，规模不可搞得太大，项目不可搞得太多，网点不可布得太广，战线不可拉得太长。否则，一旦市场发生变化或者自身的资金、人力、物力有困难，就会措手不及、顾此失彼，甚至会导致创业的失败。

如果事先留有余地（特别是资金，不可孤注一掷），一旦遇到危机，才有能力抗衡，才能挽救，才能东山再起。

“死不了”，就能生存，就有希望。留得青山在，不怕没柴烧。

现在暴利的时代已经过去了。创业者要有心理准备，不可能一开张就财源滚滚，一本万利。业内人士认为：一般来说，开张三个月至半年，能打个平手（不亏本）就算基本成功了；半年至一年有薄利，也算成功。另外，市场千变万化，别以为一出战就能取胜，万一失败了呢？所以，创业者在心理上要有所准备，资金的投入要留有余地，不然的话，就难以应对。

2. 要有危机感和紧迫感

市场千变万化，创业有风险！创业者别总是往好的方面想，应多考虑一下可能遇到的困难。要有危机感，要有应变的方案，一旦遇到危机，才不至于束手无策。有备而来，才能抵抗危机，走出困境，生存下来。

3. **以业务为主**

业务，是任何行业的根本，是创业的生命。离开了业务，一切都是空谈！

可是，有些创业者，对业务的重要性还是认识不足，或者只是口头上说重要，行动上却是拖拖拉拉，无所作为，这是很危险的！

有些创业者，热衷于搞表面化，把时间、财力和人力耗费在无关紧要的事情上，搞豪华装修、买高档办公设备、搞烦琐的条条框框……七弄八弄，时间过去了，钱也花了不少，可是，业务呢？一片空白！这样的经营理念和作风，不失败才怪呢！

经验证明，创业者，一开始就要抓业务。任何举措首先考虑的是业务，一切为业务着想、为业务让路。有了业务，什么事都好办；没有业务，一切都是空谈，一切都是白干！

4. **装修不要太豪华**

刚创业的项目，还不知道能否做起来、能否活下去，因此，店铺（或办公室）的装修不必搞得太豪华（过得去就可以了），正所谓“山不在高，有仙则灵”，以免一旦确定“活不下去了”，花出去的钱就收不回来了。如果做不下去了，铺面是很难转让出去的（接手的人嫌转让费太高）；即使能转让出去，也只能打折出售，甚至连装修费都收不回来。而且，有些行业并不需要太豪华的装修，一般就可以了，何必浪费金钱呢？至于高档的办公设备，转让的时候只能按废旧物品处理。

案例

某物流公司，为了发展业务，扩充网点，在某物流园租了铺面（档口）。楼上楼下200平方米，楼下收货存货，楼上是办公场所和员工住宿的地方。投资者讲排场，楼上楼下都铺地砖，墙上贴瓷片，上面还吊了顶（天花板）。老板在装修方面花了许多钱，楼上的房间、厕所、厨房都装修得很豪华，像宾馆一样。可是，两年过去了，业务很差，客户很少，没收到多少货，入不敷出。老板想转让了，可是，许多行家来看过，都嫌装修太豪华，转让费太贵，不实用。又过了一年，确实亏得太厉害了，老板实在没办法，只好忍痛打折转让。可是，人家还是嫌转让费太贵，还是没人要。最后，老板只好不收装修费了，能把铺面转让出去，卸下沉重的包袱（没生意，每个月还要交昂贵的铺租，还有其他费用开支），把押金收回来，就阿弥陀佛了！从开张到转让，白白亏了几十万元！

二、怎样谋发展

1. 先打好基础

万丈高楼平地起，创业发展也是如此。先打好基础（业务、财力、人力、物力、品牌、质量、售后服务、社会资源等），根基稳固，才能谈发展。否则，愿望再好，理想再伟大，也是空谈！

基础不稳固，就会摇摇欲坠。连生存都困难，更不要奢谈发展了。还是踏踏实实，做好现有的项目，做好基础工作，待基础打好了，再伺机谋发展。

2. 有了基础，就要谋发展

常言道：不进则退。有了基础，不要自我陶醉。不前进就会倒退，就会被市场经济的浪涛冲垮，就会被激烈的市场竞争淘汰！

有了基础，一是守住“大本营”，搞好“根据地”。二是选好发展的项目，腾出财力、人力、物力，大胆进军、开拓进取，把自己的企业做强做大。这就是稳中前进、稳中发展的道理，也是可攻可守之战略。

3. 谋发展，要做好市场调查

市场是创业者成败的关键。不进行市场调查，就会盲目发展，导致创业失败，甚至连老本都亏光！

市场调查的内容包括：

（1）社会需求的情况；

（2）行业竞争的情况；

（3）人力资源的情况（有时候社会人力资源紧缺，会造成企业招工难的现象，影响企业的正常运作）；

（4）成本上涨的情况（现在什么都涨价，人员工资、场地铺租、燃油、水电、材料、设备、用品等价格上涨，增加了成本）；

（5）政府有关的政策是否收紧（金融、税收等方面的政策）；

（6）政府对环保的要求；

（7）国内外的形势；

（8）社会的购买力，人民群众的消费能力有无变化。

4. 准备好资金

有了资金，你才敢玩、敢闯、敢干；有了资金，你才能谈发展。没有资金（或资金不足），就别奢谈什么发展了。

怎样准备发展资金呢？方法包括：

（1）现有的项目，利润不要分光花光，而是按比例进行分配和储存。

利润分配的公式是：2—3—3—2，即利润的20%给老板（股东）留下自用，30%作为发展基金，30%作为员工福利和奖金，20%作为风险基金。

（2）尽量不要借钱做生意。市场险恶，发展有风险。如果自己没有还债的能力，发展的项目是亏是盈尚是未知数，就不要借钱搞发展。

否则，一旦发展的项目难做，亏本严重，债台高筑，把原有的老本都赔上，甚至资不抵债，到头来，债主临门，四面楚歌，那就惨了！

5. 守住“大本营”

善战者，能攻能守，创业和发展也是如此。把现有的项目做好，把自己的“根据地”守住、搞好，防止“后院起火”。没有后顾之忧，才好去扩张，去发展。

6. 不可盲目发展

市场险恶，难以预料。创业者谋发展，切莫贪大求洋，切莫盲目发展，别想“一口吃成大胖子”，更别想一下子就能登上富豪榜，成为全国100强，甚至世界500强。别贪慕虚荣，别想一步登天，别将资金孤注一掷，否则，搞得越大、越洋，亏得越快、越惨！

案例

某大型饮料集团，20世纪80年代就已经很有实力，也很有名气了（那时候该公司正好赶上我国刚开始改革开放，初期的政策很宽松，对创业者优惠较多，市场竞争也不大，物价便宜、成本不高，生意当然好做，当然能赚钱）。可是，该公司领导人在成绩面前，骄傲自满、自我陶醉，盲目开发其他行业，盲目扩张网点，拉长战线，再加上公司内部出问题，资金链失控……顾此失彼，入不敷出，最终资金链断裂，资不抵债，以破产收场！

7. 求实务实，稳扎稳打，稳中进取

有许多创业者，在经营好现有的项目的基础上，根据社会的需求，结合自身的实力，胆大心细，与时俱进，科学发展。他们稳扎稳打，一个一个项目去做，一场一场战役去打，成熟一个上马一个，最终创业成功。

案例一

2012年，欧洲杯足球冠军赛结束。一些世界级的足球劲旅，拟到中国进行“商业比赛”，广州的足球劲旅拒绝了。因为：

（1）广州的两支足球劲旅，当前主要任务和目标是备战中国的中超联赛，其中一支球队还要准备参加亚冠1/4强决赛，时间紧，没有精力应付太多的应酬，不想被其他事情所干扰。明智之举！踏踏实实地去创造辉煌业绩，这才是成功之道。

（2）客人来了，还得招待、陪同，花钱又花时间，影响自身的备战。拒绝这一场“商业比赛”是明智之举，好！

（3）虽然来访的球队，是2012年欧洲杯赛的精英，是世界级的足球劲旅，是学习的好机会，但是，广州的两支球队，一支要备战中超，另一支既要备战中超冠军的卫冕之战，又要备战亚冠1/4强决赛，权衡利弊，当然是中超卫冕之战和亚冠1/4强决赛最重要！主次分明，务实，好！

（4）明知自己与欧洲劲旅实力悬殊，何必耗费时间和力气？养精蓄锐，备战中超卫冕和争夺亚冠1/4强，才是主要任务、主要目标。与此无关的事情，可以暂时放下，全力主攻既定目标，争取胜利。知己知彼，目标明确，求实务实，好！

案例二

笔者在求实务实方面，曾经犯过一次错误。2006年，公司的效益不好。为了给公司搞点宣传，搞搞“包装”，弄点“名气”，在北京某协会的诱惑和纠缠下，笔者批准花8 000元买一块“诚信企业”的牌匾。钱汇过去以后，笔者才后悔莫及，深深责骂自己：“干吗要花8 000元去买这些虚假的东西？公司本来就效益不好，还要这样搞！品牌和名气，是靠平时工作的积累，而不是靠吹靠骗的!”直到现在，笔者还为当年的不务实、当老总的还带头花钱搞虚假而内疚。

案例三

1998 年，广州某物流公司几个人合资承包了广州—A 市的铁路行包专列，大家齐心合力，两年后，赚了钱，有了经验，有了基础，老板们又投资承包了广州—B 市的铁路行包专列。两年后，老板们又赚了钱，又投资承包了广州—C 市的铁路行包专列。再两年后，老板们还是赚钱，更有基础，更有实力了。于是，他们又承包了广州—D 市的铁路行包专列。又过两年，这条专线还是赚钱。经过一段时间的积累，老板们有能力扩大经营范围，寻求更大的发展。于是，他们乘胜追击，再接再厉，大胆进军，又承包了广州—E 市、F 市、G 市、H 市等的行包专列。生意越做越大，公司越做越大，实力雄厚，不但完全有能力抵御金融风暴和经济危机，还完全有能力参与市场竞争。如今，该公司业务多，网点遍及国内各大中城市，货如轮转、生意兴隆，成为我国物流行业的一艘“航空母舰”。

案例三中该公司的成功之处，在于:

（1）先把创业的第一个项目（第一条专线）搞好，摸索经验，积累资金，为今后的发展打下坚实的基础。

（2）创业的第一、第二、第三个项目都赚了钱，脚跟稳、腰板硬，乘胜追击，继续搞发展。

（3）赚了钱，不急于把利润分光花光，而是进行再投资，以钱生钱，做强做大。

（4）一场一场战役地打，一步一个脚印地走，成熟一个，上马一个。

8. 盘点家底，量力而为

创业者想发展，应先盘点一下自己的家底，究竟有多少资本？手头上的钱能否搞扩张？如果只能勉强经营，那就不可去扩张，别把老本都给赔进去了，到头来两头空！

9. 搞扩张要有骨干队伍

任何行业，都必须有业务骨干（或技术骨干），创业者若想搞扩张，手头上必须有能派出去的骨干队伍，否则，新开的网点是很难打开局面的，搞不好还会搞砸。

10. 搞扩张要因地制宜

有时候，你的产品（或服务项目）在A市销路好，但是到了B市销路就不一定好，甚至很差。创业者在扩张之前，应对新扩张的地区作深入的调研（弄清楚当地的政策、气候、风俗、购买力、消费水平、环保、治安、交通等），否则，扩张就会失败。

11. 管理要跟上

创业者在A市经营时间较长，业务开展有一定的基础，管理和运营都走上正轨。可是，你新扩张的B市网点派去的（或新招进来的）管理人员能力如何？管理是否到位？操作是否规范？如果新网点的管理跟不上，或者问题一大堆，肯定会影响新网点的业务，如果不及时整顿，问题就越积越多，最后以失败告终。

案例一

笔者有一位朋友，承包了广州—西安的铁路行包专列，长达10年，一直只经营这条专列。笔者曾经问他：“为什么您不多开几条专列呢？”友人答：“我把这条专列搞好，搞成精品专线，也就不错了。”经过了解，笔者发现他经营的这条专线确实搞得好：一是时间准；二是服务态度和服务质量好；三是信誉好；四是差错事故少；五是货源稳定，客户稳定；六是运费含量高、公司收益稳定。笔者最终明白了：他是集中人力、物力、财力把这条专线搞成优质高效的精品专线，创造出品牌。

案例二

笔者有一位朋友，承包了广州—L 市的铁路行包专列。脚跟还没站稳，他又承包了广州—N 市的铁路行包专列。过了没多久，他又头脑发热，承包了广州—M 市、O 市、P 市、Q 市的铁路行包专列。他以为这样才够"气派"，才够"高、大、全"。可是，不到一年，出现了不少问题：①由于战线拉得太长，网点太分散，难以管理，每条专线都是问题一大堆。②由于网点太多、太分散，缺乏业务人才和管理人才，专线的业务没搞好，经常发生差错事故。③专线开得太多，网点布得太多，资金分散，造成资金链断裂。不到一年，他所承包的 6 条铁路行包专列全部崩溃，以失败告终！

第八章　怎样才有经济效益

一、什么叫公司

公司一般是指依法设立的，有独立的法人财产，以盈利为目的的经济实体。

所谓盈利，就是要赚钱，要有利润。明白了这样的定义，创业者就知道自己应该做什么，应该怎样做。

二、什么叫经济效益

经济效益是指企业的利润（也叫盈利，俗话叫赚钱）。

三、创业者为什么要有经济效益

有没有利润，能不能赚钱，关系到创业的成败，也是衡量创业者能力的主要标准。

创业，是创业者把自己的钱（有些人甚至是通过贷款来获得创业的资金）投进去，接下来就要靠利润来维持生存和发展。

创业有利润，经济效益好，创业者才有信心；没有利润，老是亏本，入不敷出，就会“坐吃山空”。连老本都亏光了，就会破产，创业就会失败！

四、经济效益从哪里来

1．销售

产品、服务项目、科研成果，必须推销出去（卖出去）。有销路，才有生意做，有生意，才有利润；如果产品、服务项目或科研成果推销不出去，就没有利润，更谈不上有经济效益，甚至会导致亏本。

（1）门可罗雀，顾客稀少，产品肯定没有销路。产品卖不出去，就会积压资金，进而影响经济效益。

（2）产品卖不出去，积压太久，过期了，就会变质，就更难卖出去了，会造成损失。

（3）场地租金、人员工资、水电费、电话费、交通费……每月的开支是固定的。如果生意惨淡，产品推销不出去，没有收入，就会入不敷出，老板就要贴钱来支付。因此创业千条万条道理，想方设法搞好推销才是硬道理！

案例一

某咨询顾问公司，证照齐全，有办公地点，还有许多专家教授作后盾，本来是很有优势、很有实力的咨询顾问公司。可是，由于创业者自命清高，不屑于宣传和推销自己的服务项目。导致公司成立五年了，客户寥寥无几，甚至越来越少，最终无人问津。别说经济效益和社会效益了，连办公场所的租金、工作人员的工资以及日常的开支都难以支付。原有的专家教授，由于这家公司几年来都没什么项目可做，没有收入，也就各找各的路，各干各的事去了。其他工作人员，也觉得待在这家没有经济效益的公司没出路，也各奔东西了。

案例二

另一家咨询顾问公司，成立时间与案例一的那家公司差不多，也在同一个城市，也是从事同一行业的咨询顾问公司，资质和条件也差不多。可是，这家公司的创业者，善于宣传和推销自己的服务项目，也懂得经营。因而客户很多，业务很多，生意兴隆，就连外省的许多单位、企业都找他们咨询、策划，生意源源不断。经济效益和社会效益都有了，知名度也提升了。

案例三

笔者家附近，有一个肉菜市场，那里有两家杂货店。

A 店：顾客多，生意好，老板忙得不亦乐乎。这家杂货店的老板一家 8 口人，全靠这家杂货店的收入生活，日子过得不错，买了房子，还买了车子。

B 店：顾客稀少，冷冷清清，商品积压，入不敷出，难以维持。

什么原因造成两家杂货店生意上的差距呢？

A 店的老板很会做生意，很会搞推销。一是商品丰富多样，琳琅满目；二是服务态度好，顾客来买东西，老板笑脸相迎，热情礼貌，老板耐心对待每一位顾客；三是销售的商品质量好；四是商品价格合适。因此，来市场买菜的人都喜欢到这家杂货店买食杂（笔者本人就是该店的常客），就连市场外面的食堂、小吃店、餐馆，都来这里买东西。

B 店的老板不会做生意，不会搞推销。一是商品少，且种类很单调；二是服务态度差，对顾客板着个脸，对顾客的咨询和挑拣很不耐烦；三是所卖的商品质量差（有一次，笔者在 B 店买了 6 只咸蛋，回家一看，全部是坏的！）；四是商品价格比别人贵。

案例三中两家店，充分说明了：创业，必须重视销售、善于销售。只有搞好销售，产品才能卖出去，才有生意做，才有钱赚，才能谈经济效益。否则，一切都是空谈！

2. 降低成本

（1）成本就是企业为实现一定的经济目的而耗费的本钱。即生产过程中所消耗生产资料的价值和劳动者的报酬，也就是企业制造及产品销售的所有费用，凡是用在生产和销售的所有开支，都应列入成本核算。

（2）创业者知道某种产品的总成本，才能制定出产品的价格。如果没有该产品的总成本，创业者就很难定价。定价太高，会把客户吓跑；定价太低，没钱赚，反而亏本。

（3）成本低于销售价，才有利润；反之，成本高于销售价，就会亏本。

（4）无论是干哪一行，都必须精打细算，都要计算成本。否则就是瞎搞，糊里糊涂的人是不能创业的。

（5）防止浪费。时间、人力、物力以及非生产性的开支，都会增加成本。现在社会上物价上涨，成本也跟着上涨，企业的利润已经很低了。如果创业者铺张浪费，大手大脚乱花钱，就肯定无法获得经济效益。

现在，许多家大业大的大企业，尚且要开源节流，更不用说那些刚刚起步的小公司。刚创业本来就没有多少资金，利润也很低，如果再加上铺张浪费，生意就很难维持下去。

3. 把好质量关

产品质量的好坏，会影响销路、影响经济效益。质量好，客户才能放心买你的产品；质量太差，人家就不要了！产品卖不出去，日常的许多开支又要支付，入不敷出，就会亏本，得不到经济效益，生意就很难维持下去。

4. 注意服务态度

对客户要热情、礼貌、认真、负责，客户才乐意来买你的东西；态度不好，脸难看、话难听、事难办，只会把客户赶走！没有客户，产品就卖不出去，就没有收入的来源，就不会有经济效益。

5. 提高办事效率

办事效率与经济效益是相辅相成、互为因果的。做事情拖拖拉拉，就会耽误商机，就会影响时效、质量和信誉。特别是服务行业，做事拖拉、办事效率低，会浪费时间和人力，还会导致成本的增加和造成损失，影响经济效益。

6. 挖掘潜力，充分发挥资源的作用

现有的资源要充分利用，要发挥各自的作用。实践证明：善于利用资源，善于发挥资源的作用，就能产生经济效益。反之，不会利用资源，不会发挥资源的作用，就会影响经济效益。

7. 防止差错事故

差错事故的发生会对人力、物力和财力造成极大的损失。如果一个公司总出差错事故，总是赔钱，就谈不上获得经济效益。如果发生一次重大的差错事故，创业者还可能会倾家荡产！

五、怎样才不会亏本

1. 亏本的原因

导致亏本的原因有很多，现将主要的原因简述如下：

（1）定位欠妥。创业者在投资前的决定，有不够到位的地方。在考虑投资做什么项目、怎样做等一系列问题时，创业者比较随意，企业的目标、对象、运营模式、路线方针不明确。

（2）考察有误。对项目没有进行深入、细微的考察，考察结果与实际情况不符，误导决策者。

（3）论证有误。投资项目上马前，必须对该投资项目进行可行性论证。如果论证没有实事求是、脱离实际、内容空虚、夸大优点、忽视缺点、没有风险意识、分析和结论有缺陷，就会使决策出错，误导决策者。

（4）预测有误。预测投资项目时，对自身能力估计过高，对存在的问题、隐患和风险估计过低，对以后可能出现的困难缺乏预见性。忽视了时势和市场的变化（例如政府政策的变化、市场供求的变化等），盲目乐观、盲目上马。一旦预测有误，在实践过程中，就会发现原先的预测与现实不符，决策者就会吃亏。

（5）预算有误。收入与支出的预算误差太大，成本开支估计少了，收入估计多了，脱离实际，误导了决策者。

（6）操作不当。在实践过程中，如果不实行规范化操作，就很容易发生问题：一是耗费时间、人力、物力、财力；二是差错事故所造成的经济损失，要创业者负责，对于刚起步的小公司来说，很容易导致亏本。

2. 防止亏本应注意的事项

（1）决策要正确。不管做任何事情，决策很重要。创业者对某个投资项目的决策，必须符合实际，要有可行性、可靠性，要有风险意识。对可能会出现的问题，要有预见性，并有抗风险的应急方案。

（2）决策要落实。有了决策，就要抓落实。不抓落实，再好的决策都是空谈。

在落实决策的过程中，要勤于检查监督，要及时发现问题，要善于纠正，善于整改。

（3）千方百计打开销路。产品有销路才有生意；没有销路，产品就会积压，就会造成亏损。

（4）抓成本核算。不搞成本核算，就会导致盲目经营。定价太高，没有竞争力，吸引不了客户，产品就卖不出去；定价太低，无法保证利润，会导致亏本。

案例

某物流公司，在广州与上海都有分公司，都设有网点。有一次，上海分公司发出一件货物，重200公斤，目的地是广东湛江。由于没有进行成本核算，广州至湛江有多远？他们不知道。广州至湛江的运费多少？他们也不知道。于是上海方面的业务人员只收了客户50元的运费，就把这件货物收了下来。那件货物从上海运到广州总部，集中分流。因为该物流公司没有湛江专线，在湛江没有网点，只好把上海发来的那件货转交给另外一家有湛江专线的物流公司，广州至湛江600多公里，人家要收100元的运费。为了维护品牌，只好照办。后来，公司领导发现了这一情况，算了一笔账后发现：上海至广州，200公斤重的货物才收50元，本来就亏本，再从广州转发到600公里以外的湛江，花了100元，就更亏了！这时候，该物流公司的领导才醒悟过来：不作成本核算，就要吃亏！

（5）厉行节约。精打细算，合理控制费用开支。特别是非生产性的开支，必须防止浪费，不得随便把公司正常运作的各种资源运用到其他非生产性的活动上，必须把钱用在刀刃上，用到公司最需要的地方去。

（6）堵塞漏洞。要有严格的财务制度，要对公司业务人员进行教育和检查监督，加强财务方面的审核，防止员工报假账、私吞公款等。例如：

个别财务人员，虚报账目，从中贪污，给公司造成损失。

个别收款人员，应收款不进账，从中贪污。

个别采购员，买次品充正品、短斤少两、偷工减料、“吃回扣”，增加公司的成本。

个别业务员，串通别人搞名堂，从中赚钱，损公肥私。

个别司机，用公司的车辆跑私活，虚报出车次数、车程、过路费，甚至偷公司的汽油拿去卖等。

这些漏洞如不堵塞，就会增加成本，给老板造成经济损失。

（7）精兵简政。机构不宜庞大，人员不宜过多。机构臃肿、人员超编，就会人浮于事，互相扯皮，互相推诿，增加开支，加大成本，就会给创业者造成压力，造成经济损失。

（8）不搞花架子。踏踏实实做人做事，不搞虚荣，不搞排场，不劳民伤财，把时间、人力、物力和财力用到最需要的地方、最重要的事情上。乱花钱，就会增加成本，就会影响经济效益，甚至导致亏本。

（9）防止差错事故。平时就要抓规范化作业，抓基本功，防止差错事故的发生。平时要有风险意识，把预防工作做好。实践经验证明：差错事故的发生会对人力、物力和财力造成极大的损失。

差错事故包括：

①进行产品设计或工程设计时，有关人员责任心不强或不专业，出了差错，而审核时又疏忽大意，结果正式生产或正式施工时才发现差错，给公司造成巨大的损失。

②采购进货时，创业者或有关人员责任心不强，或者是不专业，买了别人的假货、次品、过期产品，等到发现问题时，骗子已经找不到了。

③采购进货时，创业者或有关人员责任心不强，或者不专业，导致花钱买回来的货物数量不符，或者是重量不符，短斤缺两了，或者是偷工减料，或者是破损严重，但货物已经付了钱，已经出门了，只好自己认了。

④采购时，创业者或有关人员责任心不强，或者缺乏相关知识和经验，分不清订金和定金是怎么回事，就随便交了钱。

⑤创业者或有关人员由于责任心不强，或者缺乏相关知识和经验，在跟别人签合同时，没有认真推敲、思考合同里的有关款项，就随便签字盖章，结果出了问题，打起官司就容易吃亏。

⑥采购人员居心不良，与卖家勾结，以次充好、缺斤少两、偷工减料，

甚至抬高价格，虚报金额，而公司又缺乏监督机制，使其蒙混过关。

⑦货物进入仓库时，仓管员没有严格检查货物（包括品名、件数、重量、体积、包装等），没有填写《货物进库登记表》。

⑧货物出库时，仓管员没有认真核对出货单，没有认真核对货物(包括品名、件数、重量、体积、包装等)，没有认真填写《货物出库登记表》。

⑨仓库及车间人员平时风险意识差，没做好防潮、防水浸、防火、防风、防爆炸等预防工作及宣传教育工作。

⑩老板平时不重视员工的安全教育，也无安全措施，员工违规操作导致事故的发生。

⑪现在许多客户是“月结”（一个月才跟你结算及支付有关费用），有些客户甚至拖欠三个月还没把账结清。而公司的老板或有关人员，却麻痹大意，结果对方已经人去楼空，损失的当然是公司。

⑫租货车运货时，贪价钱便宜，贪方便，不去找正规的运输公司，而是找那些私人的货车。对车主（司机）的来龙去脉不清楚，结果整车货物被骗走了，公司损失严重。

⑬公司的车辆乱停乱放，结果被贼偷去轮胎和油料。

⑭承包鱼塘、养殖场，有关人员风险意识差，平时不加强巡视，被人排污或放毒，结果损失惨重。

⑮开养殖场的，平时没做好防疫工作，一次瘟疫就可能使创业者倾家荡产！

⑯厨房卫生不好，造成员工或顾客食物中毒。

差错事故还有许多，奉劝各位创业者应高度重视，加强风险意识，采取防范措施，消除安全隐患，确保安全，确保创业平安。

第九章　怎样规避风险

一、创业有风险

许多人都想当老板。有这种想法是好的，应鼓励和支持。

然而，创业是有风险的！许多曾经创业，或正在创业的人士，都深有体会。因此，刚创业的人士，在创业前应有思想准备和资金准备。创业时，要有风险意识，要有抵御风险的能力和措施。

二、创业有哪些风险

1. 社会变化

时局稳定、形势好，国家才能搞建设，才能搞发展，各行各业才能兴旺。如果时局不稳定，生意就难做，创业者就有风险。

2. 市场变化

现代的人，爱好和需求跟以前不同。各行各业都盯着市场，都在围着市场转。市场的需求、社会的购买力、人们的消费水平关系到产品的销售。市场不景气，消费者购买力低，产品卖不出去，没有出路，创业者投入的资金就有风险。

3. 自然灾害

遇到火灾、旱灾、水灾、虫灾、瘟疫、地震等自然灾害，创业者就有风险。特别是靠天吃饭的行业，如农业、牧业、渔业、种植业、养殖业等，遇上自然灾害就可能血本无归。

4. 差错

平时有关人员风险意识差，责任心不强，不专业，又不注意规范化作业，就容易乱套，导致出差错。

案例一

某厂有一批出口的产品，由于平时没有把好质量关，产品说明书上写错了几个字，把原来的意思搞反了。结果，产品说明书全部作废，重新印。再加上超过了合同签订的时间，要赔偿。来回折腾，浪费了许多物力、人力和财力。

案例二

某物流公司有一批海鲜从广州发往北京，由于工作人员责任心不强、粗心大意，把到站北京写成到站南京。结果，海鲜被运到南京。发现后，又从南京运到北京。折腾来折腾去，海鲜全部死了！一字之差，物流公司的老板赔了 10 多万元。

5. **事故**

创业者缺乏风险意识，平时不重视安全工作，疏于检查监督，容易发生事故。发生事故，对创业者来说损失很大。

案例一

某工厂的老板缺乏安全意识，不抓预防工作。厂房发生火灾，损失严重，老板倾家荡产！

案例二

某物流公司，平时不重视安全。装卸工在装车时吸烟，烟头掉在装满货物的车厢内。车一开动，风一吹，烟头就把车内的货物点燃了。一路上，风助火势，火趁风威，把整车货物都烧光了，车也烧毁了，物流公司的老板赔了 100 多万元。

案例三

某公司的货车上装满了出口货物，由于司机不注意安全，盲目超车，追尾了，导致车辆起火，整车货物都被烧光了，车也烧毁了，该公司赔了800多万元。

案例四

某饭店的老板平时只顾赚钱，不抓安全教育。有一天，一位员工在送外卖上门过程中不遵守交通规则，横过马路时被车撞死了。根据《劳动法》，该饭店老板要赔钱。

案例五

某公司平时不抓安全，有一天，一名工人在作业时从车上掉了下来，跌伤了。按照《劳动法》，属工伤，老板不但要负责医疗费，治疗期间工资还要照发。

6. **质量问题**

由于平时忽视产品的质量，没有把好质量关，给企业造成损失。

案例一

某玩具厂，产品出口美国及其他国家。由于平时没有把好质量关，有毒材料超标了，全部退货。该厂损失3 000多万美元，工厂破产，老板自杀身亡！

案例二

某食品厂，产品出口日本等国。由于平时没有把好质量关，产品到了日本后，被检出有害物质，全部退货，损失惨重！

7. **被盗**

由于平时防范不严，给公司造成损失。

案例一

某珠宝店被盗珠宝价值上百万元，老板损失惨重！

别以为有录像设备就万事大吉，就放松警惕，不设置其他防范措施。贼人得手后，已经远走高飞了，茫茫人海，到哪里去找？即使是报警，何年何月才能破案？即使破了案，损失也难以追回，倒霉的还是创业者！

案例二

某公司的一整车货物，停在公司门口。深夜无人看管，结果，汽车和货物都被人偷走了，老板损失80多万元。

三、风险能规避吗

1．有些风险是不可规避的

（1）社会的政治局势。社会的政治局势，是由国家、政府、军队所掌握，老百姓无法改变。特别是到国外投资创业，更要提高警惕。

如果国家在打仗，炮声隆隆、战火纷飞、枪林弹雨……人们连生命都难保，还做什么生意？在这些国家投资，就会有风险，任何人都难以规避。

（2）经济形势。国内外的经济形势不好对创业者会有很大的冲击。全球金融风暴、亚洲经济危机等经济形势，受害范围大，殃及行业广。对于创业者来说无疑是一次很大的挑战。

例如21世纪初，在全球金融风暴、亚洲经济危机的波及下，香港的富豪们，集体身家缩水54%；澳门赌王的身家蒸发89%；美国波音公司减少10 000个工作岗位；日本松下裁员15 000人；法国有350万人失业；我国待业人员2 600万人；全球2.5亿人失业……

经济危机危及各行各业。即使是大企业，尚且受到冲击，难以应付，充满危机。至于那些小规模、小资本的中小企业，更是不堪一击！

（3）自然灾害。自然灾害是不可抗拒的，所以，在签合同的时候，在有关赔款的条款上，必须特别注明“如遇战争或自然灾害等因素除外”，一旦遇到问题，打起官司，就不会吃亏。

2. 有些风险是可以规避的

（1）一般的市场变化。只要创业者有预见性，并有防备措施，多留意市场的动态，并进行分析研究，采取相应的对策，是可以规避市场变化所带来的风险的。

（2）差错事故。只要创业者平时有风险意识，抓好安全工作，落实措施，严格执行规范化作业，层层把关，勤于检查监督，是可以规避差错事故所带来的风险的。

（3）质量风险。只要平时不搞歪门邪道、不弄虚作假，严格执行规范化作业，层层把关，是可以规避质量风险的。

（4）被盗风险。平时提高警惕，做好防范措施，是可以规避被盗风险的。

四、规避风险十字歌

创业有风险，心理有准备。
项目要选好，定位要明确。
市场要了解，亲身去考察。
论证要可行，方案要实在。
起步要踏实，不搞高大全。
预见和预算，要留有余地。
胆大又心细，风险意识强。
狠抓规范化，安全最重要。

第十章　怎样防骗

一、骗子在哪里

（1）形形色色的骗子，无处不在、无孔不入、无恶不作。

（2）骗子的脸上不会标明“我是骗子”，而是衣着整齐、打扮时尚、一表斯文、能说会道的“衣冠禽兽”！只要你麻痹大意，警惕性不高，容易相信人，或者是贪小便宜，骗子随时都会出现在你身边！

二、哪些人容易上当受骗

1. 缺乏社会经验的人

（1）刚出校门的毕业生，涉世不深、缺乏社会经验，单纯、善良。

（2）初出茅庐，没见过世面，没经历过风雨的人。

（3）平时不读书、不看报，不关心社会百态，对社会上的案件知之甚少的人。

（4）社会经验薄弱，又不听长辈叮嘱的年轻人。

（5）不会分辨世间上真善美与假丑恶的人。

2. 麻痹大意的人

（1）以为天下太平了，可以高枕无忧了，放松了警惕的人。

（2）易被骗子的“斯文外表”和花言巧语蒙蔽的人。

3. 容易相信人的人

（1）容易相信别人的自我介绍（或别人介绍），不作调查核实，随便给钱给物的人。

（2）容易相信别人的假文件、假批文、假鉴定书（假商检、假质检）、假证书（假身份证、假毕业证、假工作证、假驾驶证、假公章、假批文、假合同等）。

（3）容易相信别人的承诺、保证、发誓、担保、合同等。

4. 容易相信广告的人

现在的广告，五花八门，鱼龙混杂。有不少是虚假广告，是骗人的、坑人的。如果不作思考和调查了解就容易上当受骗。

5. 心肠软的人

经不起骗子的花言巧语，经不起骗子的“软磨硬泡”，怕得罪人，怕不好意思的人，这一类是最容易上当受骗的人。

6. 警惕性不高的善良人

骗子心肠很坏，没什么仁义道德可讲。许多案例证明：骗子专门向那些心地善良的人下手。而心地善良的人，也最容易上当受骗。

7. 原则性不强的人

为人处事，不讲原则，不坚持原则。明知骗子有诈，却不敢拒绝，不敢报案。

8. 太过热情的人

任何骗子都是冷酷的、狡猾的。你对他越是热情，他就越有机会接近你，越容易下手。无原则的热情，容易“引狼入室”！

9. 慷慨大方的人

骗子是不讲什么仁义道德的，你对他大方，他认为你傻，不骗白不骗。

10. 爱贪小便宜的人

什么事都要占便宜，这种人最容易上当受骗。骗子一旦发现这个人是贪小便宜的人，就会千方百计引你上钩，先给你一点甜头，然后再向你下手。

三、骗子有哪些伎俩

1. 设下圈套

物色到行骗的对象后，骗子就会根据此人的心理、弱点，设计出行骗的方案，布下诱饵，诱其上钩，使其上当。

2. 乔装打扮，想办法靠近“猎物”

（1）扮成顾客，前来“洽谈业务”，伺机行骗。

（2）冒充政府部门，前来“调查了解”“帮助解决困难”，实施诈骗。

（3）冒充有威望的人士，让“猎物”对其产生信任感，放松警惕。

（4）跟“猎物”认老乡，套近乎。在现实中，老乡骗老乡的案例多如牛毛。老乡骗老乡，两眼泪汪汪！

3. 花言巧语

骗子都是能说会道的，会根据“猎物”的需求、心理和弱点，有针对性地施展骗人的伎俩。

4. 伪造证件

伪造营业执照、公文、批文、合同、票汇、账号、公章、身份证、毕业证、驾驶证等。

5. 搞“调包计”

当面看样板时，明明是好的，交了钱以后，就变成差的，甚至是砖头、垃圾，让受骗者损失惨重。

6. 假货

商标、包装都很好，符合要求。可是，花钱买回来以后，却发现货不对板。

7．假币

假币是专门对付那些不会识别真假钞以及麻痹大意、警惕性不高的人。

8．假发票

现在什么都有假的，发票同样有假。

9．虚假广告

有不少广告是假的、骗人的，别相信，防止上当！

四、防止受骗的方法

常言道：魔高一尺，道高一丈。骗子再高明，也会有破绽的，是可以防的。方法包括：

（1）买进货物时，买方只认货，不认人。一手交货，一手交钱。

（2）售出货物时，卖方只认钱，不认人。一手交钱，一手交货。

（3）金额巨大的业务，需找专业人士检查把关。

（4）财不可露眼，做人做事切忌太张扬。

（5）不可贪小便宜。贪字少一点，就是贫字！

（6）严格执行货物进出库制度。

（7）即便是熟人介绍，也要防止三角债。如果熟人自己的钱被骗了，你的钱也是收不回来的。请记住：三角债是很难收回来的！

（8）为人处事，要有原则。别稀里糊涂、随随便便。

（9）平时要多留意新闻以及人们闲聊时提到的上当受骗的案例，给自己打“预防针”，对认识社会百态，提高警惕有好处。

（10）害人之心不可有，防人之心不可无。记住这句名言，就能防止上当受骗，就能避免损失。

案例一

1995年，笔者与一班老战友集资办了个公司。听说有一个香港人来广州集资搞进出口贸易，月利息45%。笔者当时就产生了疑惑：做什么生意啊？利润这么高？光是集资的月利息就有45%？可是，笔者那班老战友，见是熟人介绍的，利息又这么高，就动心了，纷纷出钱参加集资（有些老战友还动员亲戚参加集资）。第一个月，确实兑现了，战友们拿到45%的利息，很高兴。可是，第二个月、第三个月……一年多过去了，毫无消息。后来才知道，骗子已经远走高飞，跑回香港去了。几十位老战友大呼上当受骗，后悔莫及！

案例二

某物流公司提货处经常被人冒领货物（特别是贵重货物，如电脑、手机、摄像机、照相机等），骗子先持假证件把货提走，然后再派另一个人来提货，提货处的工作人员到处找，都找不到相应的货物。于是，骗子以货物遗失为由提出索赔，物流公司只好对其进行赔偿。原来，这是骗子集团串通起来搞的鬼！

案例三

2006年，某物流公司找私人的货车拉货，从长沙运至广州。由于经办人麻痹大意，警惕性不高，没有对车的相关证件进行核查（该车是套牌的，证件是伪造的），就把几十万的货物交给他们。结果货被拉走后，就“石沉大海”了。几十万元的货物被骗走了，物流公司还要赔钱。这类案件经常发生，创业者应提高警惕。

案例四

某省某企业的两名工作人员，拿着一张120万元的票汇委托书，到广州某银行查询。据称，这是一个自称是吉林省某单位的人开的。然而经银行调查：这是一张对外无任何作用的委托单存根，公章是伪造的，付款单位与户名不相符。得知真相后，那两名工作人员大呼上当。原来，收到票汇委托书后他们公司已经发出了价值60万元的货物！

案例五

1984年7月，河北省某市海丰贸易公司急于购买市场紧俏货。听说山东济南市××公司紧俏货很多，便派人前往洽谈生意。到了济南，××公司的人热情招待，上酒楼、住宾馆、游览当地名胜风景……全部是××公司出钱并陪同，河北来的人很感动，以为遇到好人，放松了警惕。

济南方面，××公司采取“你要啥，我有啥；你有啥，我骗啥”的骗术，引诱对方上钩。

该贸易公司的采购人员，一是被对方的“热情接待”所迷惑，放松了警惕；二是相信了对方“什么紧俏货都有”的谎话，与其签订了1 000多万元的要货合同，并支付了685 750元的定金。

几个月过去了，货物却渺无音讯。河北方面多次催货，对方总是借故搪塞。

河北方面急了，派专人前往济南。可是，已经人去楼空了！

到政府部门报案，才发现查无此公司。

原来，牌照是假的、工作证是假的、身份证是假的、合同是假的、公章是假的，唯有行骗才是真的！

第十一章　怎样用钱和用人

用钱和用人，是创业者必然遇到的问题，是创业成败的关键。创业者应多学习、多研究，在实践中学以致用，灵活运用。

一、怎样用钱

创业，搞经济，样样都要用钱。会用钱和不会用钱，效果不一样。会用钱，就可以钱生钱；不会用钱，就会乱花钱，没有用到点子上，没有用到关键的地方去，就会出现资金周转困难，影响创业项目的运转。资金链一断，创业就面临危险，甚至有可能失败！

怎样用钱呢？下面，谈谈笔者的体会和建议：

1. 预算要留有余地

（1）创业时，有关项目的开支，要有预算。把所有要用钱的项目逐一列出来，逐一审核，从中发现问题，引起注意，做到心中有数。

（2）根据预算出来的数据，衡量一下自己的实有资金，量力而为。切莫“孤注一掷”，切莫“打肿脸充胖子”，切莫超出自己的实际经济能力。如果发现预算的开支太多了，就要想办法调理：先急后缓，先易后难，先近后远。并且留下适当的备用金，免得日后遇到困难时，会因资金不足而难以应付。

（3）办大事，搞大项目，多数会超支。创业者从创业之始，就要管好“钱袋子”，善于用钱，有备无患。

（4）创业者手头上的资金本来就有限，不可全部抛出去，应留有余地，以备应急之用。如果“孤注一掷”，一开始就把钱用光甚至超支，搞超前消费，一旦遇到困难，就会招架不住，甚至举手投降，前功尽弃！

创业，做生意，不是一开张就有利润，不可能一开张就能赚大钱。不管是哪个行业的创业，开始时都有个市场培育期，最少要坚持三个月至半年。而且，有没有生意？有没有利润？会不会亏本？还是个未知数。

实践经验证明：创业者必须玩得起、亏得起、守得住。如果一开张就有钱赚，世界上就没有穷人啰！

2. 把有限的钱，用到最关键的地方去

可以这样说，许多刚创业的人士，手头上并没有充足的资金，身家是很有限的。创业过程中，样样都要用钱，这是客观事实。因此，要合理用钱，巧妙用钱，把有限的钱集中用到创业最关键、最需要的地方去，先解决最关键的问题再说。如果创业者本来就资金有限，却大手大脚地乱花钱，后果是不堪设想的。

案例一

1997 年，有个年轻人创业开了家小公司。这个年轻人并没有钱，父母将多年打工的积蓄全部给他创业。办营业执照的注册资金要 10 万元，铺租每月 1 万元，还要支付其他费用。他的父亲亲自帮他联系业务，朋友们也很支持，前几个月生意还算可以。但是，一盘算，收入与支出刚好持平，没亏没赚。随着行业竞争愈发激烈，必须投入更多的资金，才能生存和发展。可是，手头上的备用金已经没多少了，只能勉强维持日常的开支。这个年轻人不但不会合理分配手头上的资金，还把备用金拿去供房、买小轿车，把本来就已经十分薄弱的、非常有限的资金分散了，用到非生产性开支上去了。直到现在，该公司一直搞不起来，已经是奄奄一息了！

案例二

1998 年，笔者有个朋友用自己有限的资金与几个朋友合资承包了某条铁路专线。在大家的努力下，他们赚了一些钱。但他们不急于分红，而是把赚到的钱集中起来，再投资。有了充足的资金后，他们扩张了自己的业务范围。有投入才有收获，两年后，他们又赚了钱，又把钱投入到发展生产项目中去。“滚雪球”般钱生钱，生意越做越大，公司稳步发展。经过十多年的齐心合力、艰苦拼搏，再加上创业者善于运用资本，公司的资金越来越雄厚。不管遇到金融风暴还是经济危机，他们都能顶得住，真正做到了玩得起、亏得起、守得住。他们的公司从原先的几十万元起家，到现在已经拥有几亿元的资产。善于积累和运用资金，创业才能成功。

案例三

1993年，笔者参与创建广州中铁快运。当时，只有10万元的启动资金。那时候，快运是新行业，开发货源需要有个过程。前两个月，没什么业务，还要支付很多费用，那微薄的启动资金，根本不够用。怎么办？只好艰苦创业，把有限的资金用到最关键、最需要的地方去。因此笔者厉行节约，不搞装修、不搞排场、因陋就简，办公室既是营业部、又是办公场所，小院子当作收货、打包、装卸、贴货签、开单、堆放货物的现场操作场地。没钱买车，就借人家的车；没钱登广告，就自编自印宣传单到处派发；没钱做招牌，就自己做了块很简单的招牌，字也是自己写的；为了节省交通费，外出联系业务就骑着自己的自行车。开发周边地区的货源，就用邮寄传单的方式……第三个月，业务上来了，有收入了，就用赚到的钱买货车、增设营业网点、增加人员、扩大业务……把很有限的资金用到生产上去。经过开源节流和大家的努力，业务上来了，利润上来了，公司逐步得到发展。

3. 善于使用利润

创业，赚了点钱，不可分光、用光，应留下20% ~30%的资金作为发展基金，20%～30%作为风险基金。善于用钱，证明这个创业者会当家。手头上有了钱，才能抵御风险，才能稳步发展，创业才能成功。

4．该用的钱就用，不该用的钱就不用

在创业的过程中，有许多事情是要用钱的。创业者应根据实际需要，该用的钱就用。对于可用可不用的钱，就要考虑，能省的就省。不搞“一刀切”，具体情况具体处理。这样，钱才能用得其所。

5．集中财力办实业

创业者应把自身的钱用到项目中去。千万不可把有限的资金拿去做风险投资，别想一下子就能发大财。万一亏了呢？现有的项目就会受影响。本末倒置、主次不分、拆东墙补西墙的做法，是很危险的。搞不好，两头都空，到头来一无所有！

6．善于资本运作

一个成功的企业家，必须是善于资本运作的高手；反之，一个失败的创业者，必然是一个不善于资本运作的人。

善于资本运作，就能够钱生钱，资本能够“滚雪球”般越滚越大。所谓善于资本运作，实际上就是善于用钱。

许多事实证明：善于资本运作的人，才是创业的高手，才是真正的成功人士。不善于资本运作的人，难成大业。

二、怎样用人

任何人创业，都不可能单枪匹马。创业，需要有帮手。实践经验证明：用人用得好，创业成功；用人不当，就会失败。

那么，怎样用人呢？笔者经过几十年的实践，对此深有感受。现将经验介绍如下：

1. **志同道合之人**

（1）志同道合，才有共同的理想、共同的语言。所谓“酒逢知己千杯少，话不投机半句多”。

（2）志同道合，心往一处想，劲往一处使，大家齐心协力，才能把事情做好。志不同、道不合，就会貌合神离，合作肯定不会长久，肯定会散伙！

2. **可靠之人**

（1）管钱管物，要用不敢贪污、不敢携款跑掉的人。

（2）搞业务，要用不敢“吃里爬外”、不敢“吃回扣”、不搞名堂的人。

（3）要用不会出卖公司机密或公司技术的人。

3. **诚信之人**

（1）要用不说假话、不弄虚作假的人。

（2）要用做人做事诚实、不搞阴谋诡计、不搞阳奉阴违、不搞是非的人。

4. **务实之人**

求实务实、不虚浮、不作假、实实在在的人。

5. **能吃苦的人**

创业的过程是很艰苦的，只有能吃苦的人，才能顶得住，才能任劳任怨，才能把事情做好。不能吃苦的人，要么是贪图安逸，要么会打退堂鼓。

事实证明：不能吃苦的人，什么事情都做不成！

6. **有一技之长的人**

任何行业，都有学问，都需要专业和技巧。懂行的人，才能胜任。

不懂行的人，就会把事情搞砸了。

7. 不适合选用的几类人

（1）懒人不能用。有些人好吃懒做，贪图安逸，样样工作都嫌辛苦，怕苦怕累……这样的懒人，要来何用?

案例

1981 年，笔者在广州白鹤洞开了一家小商店。因为笔者还要在国有企业上班，不能直接到店经营，只好请了一位朋友去帮忙。谁知，这个人太懒，上午 10 点钟了还没到店里，下午 4 点钟就关门走人了。小商店的生意一直不好，笔者投资购买的许多商品都发霉了，只好关门不做了。笔者第一次创业，就这样失败了。

（2）心计太多的人不能用。心计太多，就会算计你这个老板，是危险人物，是身边的定时炸弹。这种人是小人，千万不能用！

案例

1995 年，笔者的公司聘用了一个下岗员工。笔者对他委以重任，让他当总务主任，管钱、管物、管采购、管员工福利物品的采购及分发。谁知此人心计太多：采购物品吃回扣；叫他去买好的员工福利及劳保用品，他却买最差的、最便宜的次品；报账时却报高价钱，从中贪污；还有一招更要命，此人专门算计老板，抓住老板的弱点，乘机要这要那，一旦没有满足他的要求，他就会搞你，把你搞垮！后来，才知道此人在原单位名声就不好。许多老朋友都批评我：品质这么坏的人你还要！而且还委以重任，真是“有眼无珠”“引狼入室”，后悔莫及！

（3）野心大的人不能用。野心大的人，是危险人物，是定时炸弹，千万不能用！

案例

1998 年，笔者在某公司任总经理的时候，曾经用过一个出纳。平时，笔者对她很关照，对她的工作也很支持。可是，此人野心太大，心机太深，想把财务经理挤走，由她来当财务经理。财务经理哭着对笔者说："这个出纳其实没搞过财务，是我手把手教会她的，现在她却要把我挤走，太坏了！"笔者安慰了财务经理，并支持财务经理。可是，那个出纳以为自己是董事长介绍过来的，连笔者这个总经理都不放在眼里，财务经理的职位当不成，她就对笔者产生敌意，在工作中制造了许多矛盾，在员工中搞是非。业务人员来报账，她故意刁难，导致业务人员不愿外出搞业务，影响了公司的业务和运作，给笔者增加了很大的困难和压力。更为恶劣的是，这个小小的出纳，经常向董事长打笔者的小报告，无中生有。其目的就是：把财务经理挤走，把笔者逼走！

（4）资历太高的人要考虑。资历太高的人，容易摆老资格。自命不凡，总以为自己的做法一贯正确，有时候，连老板都不放在眼内。

资历太高的人，思想比较保守，容易犯经验主义，缺乏创新，用这种人时要多考虑。

（5）庸人不能要。浑浑噩噩、糊里糊涂、无所作为的人不能要。

（6）太蠢的人不能要。思维愚钝、反应慢、不灵活、能力太差的人做事往往不得力，成事不足、败事有余，这种人不能要。

（7）太聪明的人要考虑。太聪明的人，一是自命不凡，二是自以为是，三是比较固执，四是容易搞名堂，很难驾驭，应考虑。

（8）吸毒的人不能要。吸毒的人，常有幻觉，容易失去理智，容易闹事。而且，为了筹钱买毒品，会不择手段去坑害别人 。吸毒之人，是六亲不认的，应避而远之，更不能录用，以免惹事、闹事、出事，给公司造成损失。

（9）赌徒不能用。赌徒手头上一有钱就会"手痒"，就会去赌。即使自己没钱，也会在公司里搞名堂，千方百计为自己捞钱，诸如贪污公款、盗窃公物，甚连同事的钱也敢偷。这种人怎么能共事呢？

（10）酗酒之人不能用。酗酒之人经常喝酒喝得酩酊大醉，哪有心思为公司工作？爱酒不要命的人，经常酒醉不上班，经常醉驾，经常酒后闹事，会给公司制造麻烦，这种人能用吗？

（11）经常跳槽的人不能用。经常跳槽的人，一个工作没干几个月又想换工作。这种人朝秦暮楚，频繁跳槽，不能尽心尽力为公司做事，不用也罢！

（12）虚浮的人不能用。有一种人，志大才疏，夸夸其谈，言过其实，其实没有什么真本事。录用这样的人，成事不足，败事有余。

（13）对父母不孝的人不能用。对父母尚且不孝，对其他人会有感情吗？

（14）上班玩电脑、玩手机的人不能用。上班玩电脑、玩手机的人是“低头一族”，他们上班只是一种摆设，人在心不在，白给他（她）工资，而且对公司影响极坏！

（15）对客户没礼貌，态度不好的人不能用。

有一种人，表情冷冷冰冰，对谁都不屑一顾。

有一种人，老是板着脸，好像人家欠了他（她）十万八万似的。

有一种人，表情凶神恶煞，好像要跟人吵架、打架似的。

有一种人，对客户一问三不答，像个哑巴。

有一种人，对客户、对同事总是发脾气，像是吃了火药。

这些人如果放在门市部或业务部，肯定会把客户气走！

（16）容易翻脸的人不能用。有一种人，你满足了他（她）99%的要求，但只要有1%的要求你没满足他（她），就会跟你翻脸。这种人平时可以跟你称兄道弟，可是一旦你没满足他的要求，他就会六亲不认，就会跟你斗，甚至以怨报德、恩将仇报。这种人，老板必须认真提防，最好是不要录用，以免引狼入室！

第十二章　怎样选址及取名

一、选址的重要性

做生意，人气要旺。人气旺，财气才旺；人气不旺，人烟稀少，生意就会冷冷清清。店铺的选址对生意有很大的影响。例如：

（1）高档酒楼、高级宾馆如果开在农村、山区、郊区、城中村，生意就难做。因为那里的人大多数收入低、消费能力低、消费水平低，是不会去光顾的。

（2）高档服装店、高档鞋店、高档化妆品店如果开在农村、山区、城中村等落后的地方，商品是很难卖出去的。

（3）在不方便停车的地方开酒楼，酒楼的生意不会好。

（4）饮食店、饭店如果开在靠近厕所、垃圾堆、臭水沟的地方，顾客不会去光顾。

（5）公司业务部门的选址太偏僻、交通不方便，就会影响业务。

（6）营业部选址太偏僻、人烟稀少、交通不方便，会影响生意。

无论是哪个行业，选址不当，人气不旺，生意就淡。连过路的人都不多，怎能做生意？

二、店铺怎样选址

（1）高档酒楼、高级宾馆应开在靠近机场、交易会、展销会、博览会、大型会所、大型科技园、大型工业园、车站、高档住宅区附近。

（2）经营高档商品或高消费服务的商店，应开在著名的商业街、步行街或中、高档住宅区附近。

（3）一般的小吃店、小饭店、粮油店、杂货店、水果店、理发店、维修店、药店等应开在人口比较密集的地段（例如：居民区、社区、城中村、单位附近、工厂附近、公司附近、学校附近、物流园、批发市场、肉菜市场、农贸市场附近)。

(4) 物流行业的营业部应开在工业区、批发市场附近，因为这些地方有货源，而且靠近马路，有地方停车及装货、卸货。

(5) 汽车美容店、小轿车维修店应开在豪宅区、公司附近及进出市区第一关的地段。

(6) 货运汽车维修店、帆篷店、轮胎店应开在货运市场、物流园等附近。

已经形成专业街、商业街、步行街、商业广场的地方，知名度高，许多顾客已经知道这些地方有许多东西卖，而且品种丰富、应有尽有。于是，这些地方人气很旺，生意也很好。创业者别顾虑行家多，在人气旺的地段开店，肯定会有人来光顾。只要你的商品有特色，能吸引人，态度又好，价格合适，就会有许多人来看、来问、来买。

三、店铺选址应注意事项

1. 要亲自实地考察

创业者开店铺，选址不可盲目，不可“闭门造车”“纸上谈兵”，而应亲自到现场进行实地考察，这样才能掌握第一手资料，决策才有依据，才比较可靠。方法是:

(1) 在本市（本县）开店铺的，创业者应在早上、中午和晚上三个时间段亲自到现场走走、看看，亲自观察该地段的人物身份、职业、生活习惯、购买能力、消费水平等。

(2) 观察该地段同行业的情况，确定竞争是否激烈。如有当地的熟人介绍当地的情况，那就更好了。

案例一

1993 年，笔者在某公司创业。为了开发业务，笔者骑着自行车，跑遍了整个广州市。有一天，笔者来到东山区犀牛路，看见许多人在排队领东西，一箱一箱地领走。一连三天，笔者都在那个地段观察，发现排队提货的人衣着整齐、穿金戴银，而且都是从外省来的人。这些人提到货物后，便打的走了，经打听，原来他们是从这里提货，然后打的到广州火车站托运。笔者当时就想：要是能在这里搞个托运点，既方便那些从外省来提货的人，又可以赚钱，一举两得。于是，笔者决定在这里开个小件货物托运点。果然，那些来提货的人知道这里就有托运点，都很高兴，托运点很受欢迎。提货处有了托运点，他们就不用一箱一箱地提来提去，更不用打的到老远的广州火车站排队托运了。

通过这次亲自考察，我们公司在这里收到许多货源，生意火爆。

案例二

2006 年，笔者想在广州郊区开一间饭店，正好有一家饭店贴出转让信息。笔者当时就想：他为什么要转让呢？如果这里生意好，他舍得转让吗？于是，笔者用了三天的时间，每天早上、中午、晚上都在那个地段观察。经过观察，发现那个地段离居民区很远，附近又没有大单位、大公司、大批发市场，人烟稀少。经了解，那位饭店老板之所以要转让，就是因为这个地段来往的人很少，生意难做。幸亏笔者事先亲自到现场实地考察，不然，就亏定了！

（3）如果是到外地选址，创业者应亲自到当地考察。住上几天，考察当地人的身份、职业、生活习惯、购买能力、消费水平等；并了解当地的气候、环保、交通、政府政策、治安等。经过实地考察、分析、论证，才能作出较为可靠的决策。

2. **产品能否卖得出去**

不同的地区、不同的地段，对产品的需求是不同的，而且存在很大的差异。创业者在选址前，应考虑自己的产品与该地区（该地段）的需求是否对口？有没有市场？有没有销路？生意如何？不加考虑就贸然选址，很可能会造成失败。

3. 人气不旺的地区（地段）不能选

做任何生意，都离不开人气。人气旺的地区（地段），什么生意都好做；人气不旺的地区（地段），什么生意都难做。

4. 不聚脚的地段不能选

所谓“聚脚”，指的是人们经过你的店铺，能够停下来，到你的店铺里买东西。

有些地段，表面上看来车水马龙，可是，司机不可能在禁止停车的地段停下来买你的东西。

有些地段，表面上看来人群川流不息，但都是匆匆过路客，人们赶着上班、下班，或赶着上火车、上飞机，不可能到你店里来买东西。

案例

1981年，笔者在广州白鹤洞开了一间商店，由于选址不当，失败了。

商店开张前，笔者看见那里靠近过江轮渡码头，前面又是广州钢铁厂，车流、人流川流不息，以为生意肯定好。可是，商店开张后，笔者才发现：那些车流、人流都是匆匆忙忙地赶着上班、下班的人群，他们根本不可能停下来买你的东西！

5. 准备拆迁的地段不能选

有些地段，当地政府已经有拆迁计划，近期内虽然没出公告，但已在拆迁计划之内。如果创业者不向政府有关部门咨询，光凭业主（收租方或转让方）一面之词（他们为了尽快脱手，当然会隐瞒拆迁的真相）就在这样的地段开店，如果开张没多久，就被拆迁了，损失会很惨重。

6. 转手太多的店铺（场地）不能选

有些店铺（场地）的业主（承包人、承租人、转让人）太多、太复杂，容易发生纠纷，到头来会给创业者（承租方）带来很多的麻烦。

7. 靠近厕所、垃圾堆、臭水沟的地段不能选

现代人讲究卫生，臭气熏天的地方，谁愿去？肯定会影响生意。

8. 没树荫、没遮盖的地段不能选

夏天怕太阳晒、下雨怕雨淋，这是人们的普通心理，是可以理解的。人家都不愿在你那里逗留，肯定没有生意。

9. 交通不便的地段不能选

现代的人，不愿多走路。太偏远的地段，交通不方便，人家是不愿去的。

10. 太穷的地区要考虑

贫穷地区的人经济收入很低，购买能力、消费水平都很低，有些贫困地区的老百姓甚至连温饱问题都没解决，哪有钱买这买那？至于中、高档的商品，他们连想都不敢想，望梅止渴而已。如果哪个创业者，在贫困地区开高档酒楼、宾馆，卖高档商品，就可能血本无归！

11. 新兴城市可以去

现在，许多大型企业都在转型。许多大型企业都到新兴城市设分厂，从而带动了当地的经济发展，提高了当地人民群众的收入，从而提高了他们的购买能力和消费水平。创业者到新兴城市创业是明智之举，只要路线、方针对头并善于经营，肯定大有作为。

四、怎样取名（店名或公司名）

取名（店名或公司名）的目的，在于让人们知道和记住这家店铺（或公司）。好的店名（公司名）会让人印象深刻，那么怎样给店铺（或公司）起个好的名字呢？

1. 店名（公司名）要通俗易懂

店名（公司名）不可取得太深奥、太别扭、太拗口，免得令人费解，难以记住。应以大众化为准，易懂易记。

2. 店名（公司名）的字数不要太多

店名（公司名）的字数太多，难记住，一般 2 ~ 3 个字较好。怪字、偏僻的字最好是不要用，以常见的字为准。所用字的笔画也不宜太多，字体不宜太潦草，最好是宋体、魏体、正楷等。

3. 店名（公司名）要有特色

所谓特色，是指地方特色或者本店（公司）的特色。

4. 店名（公司名）要带有吉祥的意思

特别是酒楼、宾馆、搬家公司、旅游公司等，取名应带有喜庆、吉祥的意思，使人产生好感。

5. 不可乱用“中华”“中国”等字眼

只有全国性的公司、国务院或其授权的机关批准的大型进出口企业、国务院或其授权的机关批准的大型企业集团、国家工商行政管理局规定的其他企业，才能使用“中国”“中华”“全国”“国家”“国际”等字眼，除此之外，不可乱用。

第十三章　怎样采购

创业，就是做生意、做买卖。有买有卖，就需要进货和出货，两方面都做好了，生意就兴隆，创业就能成功。下面，先从采购谈起。

一、采购应注意事项

1. 了解市场的需求

社会的需求是什么？市场缺什么？采购前应对此有所了解，并作市场调查。

不作市场调查，盲目进货，就会有风险。例如：某种产品在市场上已经处于饱和状态，供大于求，许多行家的货已经卖不出去了，你还在进货。这就是不了解行情，就是不识时务，就要吃亏！

案例

1993年，湖南某人创业搞贸易。在未弄清楚市场情况下，就盲目购进5个火车皮的大米（共300吨），运到广州卖。谁知，广州已经从泰国进口了一大批大米，市场已经饱和了，大米的价格也在下降，而他还是抱着半年前的旧行情，盲目地把大批大米运到广州。结果，大米卖不出去，全部发霉了，血本无归！

2. 采购要注意季节

有许多产品季节性很强。如果采购了这样的产品，耽误了季节，就很难卖出去，就会吃亏！

案例

1996年4月，端午节快到了，广州人过端午节爱用绿豆包粽子。于是，笔者派人到绿豆产地购进60吨绿豆。可是，由于对市场运作不了解，采购人员在绿豆产地磨磨蹭蹭、七转八转，绿豆运到广州时，端午节已经过去了。端午节后，市场对绿豆的需求量急剧下降，60吨的绿豆卖不出去，长芽了，亏惨了！

3. **采购要看实际需求**

采购进货，究竟进多少应以市场实际需求为准，以及根据当时、当地的实际销售量而定，切莫超出需求而盲目地大批进货。否则，一旦滞销，就要吃亏！

案例

1996年，广东某公司听说北方某地有大量山楂干出售，价格便宜。老板发财心切，未作市场调查，就贸然购进60吨山楂干。货到了广东，老板派人到处推销山楂干。可是，跑了两个多月，没人要。只好把60吨山楂干存放在仓库里。原来，山楂干只是中药的一种配方，用量不多。另外，广东人煲汤，每次只用一点点（有些人煲汤还不一定放山楂干）。至于凉果厂，制作山楂糕确实需要以山楂干为原料。但是，人家早已进过货，不再买了；饮料厂的仓库里也已经堆满了山楂干，不再需要进货了。该公司的老板很焦虑，但毫无办法……花钱从产地买来的60吨山楂干，在仓库里积压了好几个月，受潮了，发霉了，该公司损失惨重。

4. **采购要注意气候**

中国幅员广阔，各地的气候反差很大。创业者在采购时，应了解当地的气候情况，以及货物的实际情况，切莫盲目采购。不然的话，就会吃亏。

案例

1993年夏天，有个人从兰州采购了120吨当地的白兰瓜（一种水果），运到广州卖。千里迢迢，七转八转，水果运到广州后，一时又卖不出去，加上广州天气炎热，120吨的水果烂了一大半，亏惨了！

5. **尽量买第一手货**

现在做生意的人，大多数选择直接购买原产地及厂家的第一手货。好处是：

（1）减少中间环节，避免中间商的层层加码导致价格升高，从而降低进货的成本，增加利润。

（2）直接购买第一手货，可以减少货物的破损和丢失。中间商把货物七转八转、搬来搬去，货物容易破损或丢失。直接找第一手的货源，就可以一步到位，减少许多中间环节。

（3）直接购进第一手货，收货时间快，出现问题能较好、较快地解决。

（4）中间商（中介）转手多，问题也多，容易扯皮，容易出事！

6. **货比三家**

在现在的市场经济条件下，独家经营的垄断行为不多了（部分国家控制的某些行业除外），同一种产品有许多企业在生产，价格也会有所不同。因此，创业者在进货时，应选择几家厂家的产品进行对比，产品质量好、价格合适且厂家服务好、信誉好的，优先选择。人们常说的“货比三家不吃亏”就是这个道理。

7. **尽量就近采购**

（1）就近采购，可以节省货物在路上的时间以及车船费、住宿费、差旅费等开支，降低成本。

（2）就近采购，可以节省货物长途运输的费用，可以降低成本，增加利润。

（3）就近采购，可以减少货物长途运输过程中的七转八转、搬来搬去的环节，减少货物的破损和丢失，从而降低成本，增加利润。

（4）有些产品虽然在外地购买价格会比较便宜，但是，加上长途运输的费用，以及长途运输中货物因变质、变形、破损、丢失等所造成的损失费用，总成本就会比就近采购要高！而且，在外地采购路途远，一旦发生问题，难以及时处理。

8. 采购人员要懂行、要专业

无论是谁去采购，必须懂行、必须专业。否则，就会出问题。

案例

1987年，广州清平市场水产档，有两位来自紫金县的个体商贩，拿着30多只所谓的“金钱龟”出售。几个水产档老板看完这些龟后，告诉货主：“这不是金钱龟是灵龟，每斤只值10元。”两位货主不由得吓傻了！他们拿出在安徽某地市场的发货票，上面明明写着金钱龟，每斤80元。为什么金钱龟竟变成灵龟呢？原来，金钱龟是很名贵的龟种，在广州能卖很高的价钱。那两位紫金来的人，听说在广州金钱龟好卖，而且价格卖得高，利润可以翻几番。又听说安徽某地有大量金钱龟批发，在没有弄清什么是金钱龟之前，他俩就带上钱，匆匆赶去千里迢迢的安徽省，买了30多只所谓的“金钱龟”（其实，是最一般、最普通、最不值钱的灵龟）。结果，被骗了！

9. 提防买进假货

现在什么都有假，采购时应提高警惕，认真验货。金额大的货物，应请专家鉴定。

案例一

1988年，广州某厂急需购进显像管。一名自称是珠海市某某公司领导的人，出示了一张可进口8万套彩色显像管的“批文”，并称愿以低价将8万套彩色显像管全部卖给该厂，但需预付为总价值的20%的定金。该厂负责人既没调查此人的真实身份和来龙去脉，也不验证那张“批文”的真假，就信以为真，支付了1 260万元人民币。后来查证，“批文”是假的，这个所谓的领导也是来历不明，连身份证都是假的。可是，1 260万元的定金已经支付出去了，对方已是人去楼空，人间蒸发了！

案例二

1982年3月16日，载着3 500吨进口烟叶的“桂阳号”远洋轮船开进了广州黄埔港。这批烟叶中，有2 700吨是某烟厂采购进货的。当海关商检部门打开烟包检查时，顿时愣住了：按照和外商签订的购货合同，运来的应是优质的A国烟叶，而实际运来的却是C国的低级烟叶。我国商检部门立即拒绝验货。但是，为时已晚，我方的购烟款427.69万美元已被几个国际商业骗子骗走了！

案例三

1986年4月，上海市个体户许某来广州采购进口服装。在街边的档口，遇到一个自称廉价出售进口服装的人，许某经不起对方的花言巧语，买了4大捆所谓的“进口服装”（每捆1 00公斤）。许某只看了几件“样板”，就付了全部的货款。许某提出开包检查的要求，对方就借故说：“这是进口货，是用机器打压包装的，很结实，不能开包。”许某信以为真，也就不开包检查了。许某以每捆1 800元的价格，买了4大捆，共付了7 200元，另加托运费20元。可是，该“进口服装”到了上海，许某开包一看，里面全是垃圾货！许某大呼上当，后悔莫及！

10. 提防“调包”

所谓“调包”，是指对方以次充好，以差的物品充当好的物品，或者货不对板。进货时应提高警惕，应开包（开箱）验货，最好就是亲自带走，提防对方做手脚，例如把正品抽走，塞进砖头或垃圾。

案例

某人到南方某地买进一批电视机，价值8万元。交钱后，出售方代办托运。可是，货物到达后，收货人打开包装箱一看，里面全是砖头、石头、木块，货物被人调包了！

11. 采购应找有合法资质的、可靠的企业

采购时，不可找路边的、无营业执照的卖货人。应找有合法资质的、可靠的企业，正所谓“跑了和尚跑不了庙”。

二、主要产品分布简介

1. 粮食产品主要产地

(1) 大米主要产地：湖南、湖北、广东、广西、江西、海南、安徽、江苏、浙江。

(2) 小米主要产地：河北、河南、山东及西北地区。

(3) 玉米主要产地：山东、河北、河南、辽宁、吉林、黑龙江、四川、新疆。

(4) 高粱主要产地：辽宁、吉林、黑龙江、陕西、甘肃、宁夏、河北。

(5) 大豆主要产地：辽宁、吉林、黑龙江、山东。

2. 经济作物主要产地

(1) 棉花主要产地：河南、河北、山东、新疆、陕西、甘肃、

宁夏。

(2) 麻类主要产地：浙江、江苏、安徽、辽宁、吉林、黑龙江、内蒙古。

(3) 桑蚕丝主要产地：浙江、上海、安徽、江苏、四川、珠江三角洲。

(4) 柞蚕丝主要产地：辽宁、吉林、黑龙江。

(5) 花生主要产地：山东、广东、广西、福建、四川、海南。

(6) 甘蔗主要产地：广东、广西、云南、福建、四川、海南。

(7) 甜菜主要产地：黑龙江、吉林、内蒙古、新疆。

(8) 茶叶主要产地：浙江、江苏、安徽、福建、广东、云南、广西。

(9) 烟草主要产地：云南、贵州、河南、山东、广东、广西。

(10) 木材原料主要产地：东北、内蒙古、四川、云南、贵州、广东、广西、海南。

(11) 苹果主要产地：山东、辽宁、吉林、黑龙江、陕西、甘肃、河北。

(12) 梨子主要产地：山东、河北、安徽、新疆。

(13) 柑橘主要产地：四川、广东、湖南、广西、浙江、福建。

(14) 葡萄主要产地：新疆、河北、山东、甘肃、陕西。

(15) 香蕉、菠萝、荔枝、甘蔗主要产地：广东、广西、海南、云南。

3. **畜牧产品（猪、牛、羊）主要产地**

内蒙古、新疆、青海、西藏、东北、四川、湖南。

4. **水产品主要产地**

浙江、江苏、山东、广东、福建、海南等沿海地区。

5. 钢材主要产地

北京、鞍山、本溪、包头、武汉、上海、广东、湖南。

6. 有色金属主要产地

上海、广东、甘肃、辽宁、云南、湖南。

7. 化工原料主要产地

（1）硫酸主要产地：南京、大连、株洲、葫芦岛、白银、开封。

（2）硝酸主要产地：兰州、吉林、湖南、泸州、太原。

（3）盐酸主要产地：上海、天津。

（4）纯碱主要产地：上海、辽宁、天津、江苏、山东。

（5）氮肥主要产地：成都、泸州、沧州、辽河、大庆、岳阳、广东、南京、安庆、枝江、安边、赤水、吉林、大连、石家庄。

8. 石油化工原料主要产地

大庆、上海、辽阳、北京、南京、岳阳、抚顺、茂名、沧州、乌鲁木齐。

9. 建材产品主要产地

广东、唐山、徐州、宁国、北京、南京、辽宁、江苏、山东、湖南。

10. 煤炭主要产地

山西、内蒙古、河北、河南、陕西、安徽、贵州、新疆、湖南。

11. 重型机械主要产地

上海、沈阳、齐齐哈尔、德阳、资阳、太原、北京、天津、洛阳、衡阳、株洲。

12. 通用机械主要产地

上海、沈阳、兰州、江苏、四川、广东、湖南。

13. 轻工产品主要产地

（1）棉纺产品主要产地：上海、天津、石家庄、郑州、武汉、广东、山东。

（2）毛纺产品主要产地：上海、天津、江苏、辽宁、青海、大连、无锡、株洲、益阳、黑龙江。

（3）化纤产品主要产地：上海、辽宁、仪征、平顶山、丹东、保定、北京、广东。

14. 电子产品主要产地

上海、北京、广东、南京。

15. 服装、鞋、玩具主要产地

广东、上海、江苏、杭州。

16. 家具产品主要产地

广东、上海、江苏。

17. 塑料产品主要产地

广东、上海、天津。

18. 陶瓷产品主要产地

广东、江西、湖南。

三、广东省主要产品分布简介

广东省是中国经济总量最大和发展最快的省份，拥有各种各样的生产基地和批发市场。想创业的人，对广东省主要产品的分布不可不知。现简介如下：

1. 广州市市区的主要产品

广州市市区是各种产品的集结地，拥有许多大型的批发市场，如：

（1）站前路的白马、天马、流花以及沙河、庆丰、十三行等大型的服装批发市场。

（2）广园西鞋城和西湾路的鞋类批发市场。

（3）广园西、龙津路及机场路的化妆品批发市场。

（4）永福路及金贵路的汽配城。

（5）海珠区新港西路康乐村有大型布料批发市场。

（6）芳村的花卉市场、茶叶批发市场。

（7）黄沙的海鲜批发市场。

（8）清平路的药材批发市场。

（9）广花高速公路附近，有鸡、鹅、鸭、蛋品、蔬菜、水果、食杂的大型批发市场。

（10）天河区黄埔大道西附近、东圃、鱼珠有大型的建材、家具批发市场。

（11）大沙头附近，有大型的电器、音像制品批发市场。

（12）沙和路、兴华路附近，有广告装饰材料批发市场。

（13）龙津东路及长寿东路附近，有理发用品批发市场。

（14）西槎路聚龙工业区附近，有大型五金交电器材批发市场。

（15）一德路，有大型的海味、咸杂批发市场。

（16）杨巷路，有布匹批发市场。

（17）维新路、大南路，有鲜花、礼品、装饰材料、灯饰批发市场。

（18）大新路，有皮革、鞋料批发市场。

（19）京溪路附近，有大型建材批发市场。

（20）天河区石牌西路、体育西路、天河城附近，有电脑、手机、电子产品及零配件、用品批发市场。

（21）白云区太和及庆丰，有来往全国各地的物流公司。

（22）番禺区厦滘五洲城，有装修材料、家庭用品、酒店用品等大型批发市场，品种齐全。

2．广州市白云区的主要产品

服装、鞋、皮具、塑料制品、厨具、音响。

3．广州市花都区的主要产品

皮具（全国最大的皮具制造基地、全国最大的皮具箱包及辅料批发市场）、音响、自行车、摩托车、汽车。

4．广州市番禺区的主要产品

服装、家用电器、包装材料、建材、五金制品、塑料制品。

5．广州市经济开发区的主要产品

高科技产品、高级日用品、化妆品、保健品。

6．广州市增城区新塘镇的主要产品

广州市增城区拥有全球最大的牛仔服装系列及辅料生产批发基地，以及香蕉、菠萝、荔枝的生产基地和批发市场。

7．佛山市的主要产品

（1）南海拥有全国最大的铜铝型材及不锈钢产品的生产和批发基地，全国最大的内衣生产基地，全国最大的布料生产基地，全国最大、品种最全的地砖、陶瓷制品生产基地及批发市场，还有日用品大型批发市场，经营灯饰、塑料、布料、建材。

（2）顺德拥有全国最大的家具城，全国最大的塑料基地。

8．中山市的主要产品

中山市拥有全国最大的小五金及灯饰生产基地及批发市场。

9．江门市的主要产品

高科技产品、摩托车、无纺布、水暖器材、涤纶丝。

10．**珠海市的主要产品**

高科技产品、电子产品、家电产品。

11．**深圳市的主要产品**

高科技产品、包装材料、电子产品、塑料产品、家电产品。

12．**东莞市的主要产品**

电子产品、食品、家具、高科技产品。拥有全国最大的服装、鞋、毛织品生产及批发基地，以及香蕉、荔枝生产基地和批发市场。

13．**惠州市惠东县的主要产品**

产品以鞋为主，鞋子款式多、产量多、销量多。

14．**潮汕地区的主要产品**

服装、食品、陶瓷产品。

15．**其他地方的特色产品**

从化、增城、东莞、高州、茂名的荔枝、龙眼、菠萝、香蕉；
四会的橘子、新会和潮州的柑、梅州的柚子；
东莞麻涌和番禺万顷沙的香蕉；
云浮的石材、信宜的玉器、广宁怀集的竹子；
揭阳、善宁的服装、小五金。

第十四章　怎样销售

一、销售的重要性

无论哪个行业，销售都是重中之重，所以必须把销售放在工作的首位。

创业者千辛万苦筹备了资金，花了许多时间、人力、物力，盼的就是生意好，有利润，能够生存下来，可以发展壮大，实现自己的理想。那么，怎样才能实现这个理想？怎样才能达到这个目的？答案只有一个，那就是销售。

你的产品必须有人买，如果没人买，再好的产品都是空谈！如果产品卖不出去，会导致入不敷出，产生危机，影响创业的成败。如果有销路，卖得快、卖得多，生意兴隆，就能生存和发展。因此，创业者必须高度重视销售，善于销售。

由于主客观的原因，许多创业者的产品没有销路，造成产品积压，从而导致损失。

案例一

2011 年，某人种了 50 亩橘子。橘子成熟后，由于没有销路，全部烂掉了，血本无归。一年的日晒雨淋、辛苦经营全部白费了，还要倒贴钱！

案例二

2010 年，某服装厂老板投入很多资金进行服装生产。可是，生产出来的服装卖不出去，服装大量积压，资金周转十分困难，连工人的工资都发不了。老板只好亲自开着宝马车到街上卖衣服，然而收效甚微。面对如此困境，老板伤心得不得了！

案例三

2010年笔者办了一家咨询顾问公司，手头上有不少研究成果和专业项目，还有一大帮专家教授作后盾。可是，由于笔者自命清高，没有很好地去销售，致使一大堆研究成果、专业项目无人问津。不善于销售，再好的资源也会被闲置，既没有社会效益，也没有经济效益，白费力！

与此相反，笔者有位朋友，也是搞策划、培训、咨询的。由于他善于推销自己的服务项目，业务订单一个接一个，忙得应接不暇。

二、销售应注意事项

1. 别把客户气跑了

客户来洽谈业务，来购买物品，或来电话咨询，证明他想买你的产品，是好事。如果对客户态度不好，就会把其气跑。

老板和员工，必须明白：在现在的市场经济条件下，独此一家的垄断行业已经很少了，同一行业，大把人在做，轮不到你“牛”，轮不到你“吊起来卖”。把客户气跑了，就等于自断财源，就等于自挖坟墓！

案例一

笔者买东西，最反感的就是卖东西的人态度不好，本来是有心买他的商品，但如果店员待客态度差，我会转身就走，不买了！而且，笔者还会劝自己身边的亲朋好友不要去那里买东西。

案例二

有一次笔者在上海的一家民营商店买鞋，营业员很有礼貌，热情地向笔者介绍商店的商品，并耐心解答笔者的疑问。虽然笔者试了很多双鞋都不满意，但营业员仍然耐心地帮笔者挑选。本来，笔者是没选到满意的鞋子，可是，营业员这么好的态度，笔者觉得不买就不好意思。于是，掏钱买了一双，算是支持他的工作吧。

2. 不可“守株待兔”

这里说的“守株待兔”，是指创业者总是待在店里（或公司办公室），坐等客户来买东西，不愿出去搞推销，也不愿想想怎样才能把产品推销出去。这样的创业是不会成功的。事实证明：死守就要挨打，“守株待兔”生意就不能搞活。客户稀少，就没有财源；没有财源，就会入不敷出，创业就会失败！

现在市场竞争激烈，许多商家都在搞促销，就连那些实力雄厚、知名度高的大企业、大商家也在搞促销！为什么？因为销售是创业的根本，是源泉，是生存和发展的根基。

案例一

笔者的公司在广州新市有一个营业部，店铺的选址还可以，经理又是大学生，还有“经济师”的头衔。可是，营业部每个月的营业额很少，基本上都处于亏本的状态。什么原因呢？原来，该营业部经理和业务员不愿出去搞推销，不出去开发新客户，总是待在店里。光靠几个自己找上门来的客户，稀稀拉拉，每月的营业收入还不够交铺租。后来，公司换了一个新经理，年纪轻，只有28岁，并且学历不高。新经理一上任，就亲自出去搞销售，每天早出晚归，日晒雨淋……功夫不负有心人，营业额逐渐上升，终于扭亏为盈。

案例二

笔者的公司在广东南海有一个营业部，店铺的选址比较偏僻，附近没有工业区、没有大公司、没有大批发市场，生意很淡，每个月都亏本。后来，公司调来了一个经理，年纪轻，只有20来岁。她按照公司领导的指示，经常出去搞推销，开发客户。她每天早出晚归，日晒雨淋，跑遍周边地区的工业区、厂家、批发市场，白皙的皮肤都被晒黑了。终于功夫不负有心人，客户逐渐增加，业务也多起来了，营业额终于上来了。营业部从刚开始时的每月营业额2万元，上升到每月50万元，扭亏为盈，一跃成为公司的优秀营业部，这位经理也受到老板的称赞和奖励。

案例三

1993年，笔者参与广州中铁快运的创业。这家公司是中央企业，后台够硬。可是，因为那个年代快运尚是新项目，公司又设在机关大院里面，附近也没有工业区、工厂和批发市场。公司刚开始时，没有客户，笔者很焦急。后来，笔者印名片、印宣传资料，亲自骑着自行车穿街过巷，走遍了整个广州市市区以及郊区。接着，又跑南海、东莞、珠海、顺德等地。另外，笔者又找来《广东工商黄页》，按照企业、公司、工厂的电话、地址，用邮寄资料的办法，大力宣传，大力推销。没多久，陆陆续续有消息了，许多客户来电话咨询、联系业务。我们的收货量逐渐增加了，知名度也提高了，效益当然就增加了。

案例四

1998年夏天，我们公司在佛山市比较偏僻的地段开了间营业部，那里没有大公司、没有大工厂、没有大的批发市场，搞物流这个行业，没有货源是不行的。原先，该营业部每月的营业额只有几千元，老板很焦急，便派笔者去接管这个营业部。笔者上任后，首先就抓货源，抓销售。笔者想：总是待在档口不是办法，必须走出去，搞推销，开发客户！于是，笔者亲自骑着自行车跑遍了整个佛山市区及郊区。有一天，笔者来到南海里水，发现这里有一家生产空调机的工厂。经门卫同意，笔者进入业务室，跟厂里的发货主管见了面，向他们宣传我们公司的优势，大家也谈得来，厂家最终同意把货物交给我公司运输。当天晚上就装了一大货车的货物，发往重庆、成都。之后，营业部陆续有了货源，收货量大大上升。通过走出去，积极开发客户，笔者主管的那个营业部，每月的营业额都在上升，10 万元、20 万元……直到每月 80 万元的营业额，一跃成为全公司的标兵！如果笔者老是待在店里，不主动出击，肯定没有收获。

案例五

2002 年，笔者所在的公司在顺德伦滘开了间营业部。公司派笔者去协助该营业部经理工作。一开始，笔者就重视抓销售、抓开发客户。有一天，笔者带着顺德营业部的陈经理，冒着雨，到处寻找货源。到了顺德的北滘，笔者发现有一家工厂，院子里堆满了已经包装好的货物。笔者想：这里肯定有物流的货源！于是，便对陈经理说："咱们进去问一问。"经门卫同意，我们进入办公室，礼貌地说明来意，递上名片和资料，再施展营销技巧，经过努力，终于谈妥。第二天就有上百个立方的货要发。而且，这家工厂经常有货发。原来，这家客户就是大名鼎鼎的美的家电公司！如果当时笔者老待在档口里，不出去搞推销，去开发客户，会有这么大的收获吗？

3. **宣传应注意事项**

搞销售，是要宣传的，不搞宣传，再好的产品也没有销路。然而，宣传是有诀窍的。

（1）名片要实在。给人家递名片，目的就是要让人家知道你是干什么的、你是卖什么的，所以应把主要的经营项目（或业务范围）印在名片上，让人一目了然。可是，笔者发现许多人的名片很虚浮，除了冠冕堂皇的职务以及一些虚浮的词句以外，看不出他究竟是干什么的，也看不出他究竟是卖什么的。这样虚浮的名片，没有任何实际作用，白给！

（2）宣传资料要写好。

①把主要的优势写上去。

②简明扼要，内容充实，让人家一眼就看明白你是干什么的。名片不仅要让人看得懂，而且要让人记得住。

③别吹嘘过头，什么“全球第一”“著名商标”“××500强”“全国第一”之类的词语不要出现在名片上，会让对方对你产生怀疑。浮夸的名片，让人觉得你这个人、这家公司不诚信，靠不住，反而不敢跟你合作。

4. 售后服务要做好

做生意，要有良好的口碑，特别是售后服务一定要做好。可是，有些创业者，求人家关照的时候，就嬉皮笑脸，点头哈腰，好话说尽。可是，买了他的产品以后，就翻脸不认人了！有问题找他，不理；再找他，不耐烦；如果出了问题找他索赔，态度更坏：一拖二赖三失踪，不了了之。

请记住：做生意，诚信很重要，要注意口碑，别搞“一锤子买卖”，把名声搞坏了，你这个店、这家公司也就快完了！

5. 尽量不搞货到付款

时下流行货到付款，可是这种方式会让商家（卖方）遇到许多麻烦，甚至遭受经济损失。笔者认为：大宗货物、价值高的货物，而且对方又是初次相识、第一次交易，不可搞货到付款，免得造成麻烦和损失。这是因为：

（1）有些买家很挑剔，货到了他那里，外包装有点脏或破损，就不给货款。

（2）有些买家很无赖，货到了他那里，随便找个借口，就不给货款。

（3）有些买家很拖拉，货物已经收到，但不会马上付款，找个借口来拖延，你急他不急，向他要货款，好像向他乞讨，很气人，但又很无奈。货已经在那里，钱还没收到，你就只能干着急。

（4）如果通过第三方收钱（例如，通过物流公司去收货款，然后再把货款交给卖方），风险更大！万一货款被第三方“吃掉了”，卖方就惨了！

（5）现在社会上的诚信度较差，做生意特别要提高警惕。

三、销售秘诀

1. 投其所好

每个人都有不同的性格、爱好和习惯。搞销售，要学点心理学，要善于应付不同的人。例如：

（1）不同地方的人，饮食习惯会有很大的差异。比如四川人和湖南人爱吃辣；广东人和广西人口味偏清淡等。所以，搞饮食行业，要懂得不同地区的人们的饮食习惯，这样才能抓住客户。

（2）不同年龄段的人喜欢的产品也会有差别。比如小孩子喜欢新奇、好玩的东西；年轻人买东西讲究新潮、时尚、包装精美等；而老年人则爱朴素、大方、实在。因此，商家要掌握目标客户的心理特点，开发出适合他们的产品。

（3）有人买东西喜欢讨价还价，因此，卖方开价时要把价格适当报高一点，留点余地让他还价。

投其所好、因人而异、区别对待，善于应对不同的客户，是做生意的基本常识，要好好学。

2. **避其所忌**

（1）给印度人递东西时，不可用左手递给他，因为他们认为左手是不洁的、不卫生的。

（2）我国逢年过节、办喜事，喜欢红色，忌白色、黑色、灰色和蓝色。

（3）不同地区的人对颜色有所忌讳。欧洲人忌黑色；日本人忌绿色；埃及人忌蓝色和黄色；巴西人忌棕黄色；比利时人忌素色和花色；土耳其人喜欢素色、忌花色。

（4）不同地区的人对数字有所忌讳。广东和港澳地区的人忌4、7，喜欢3、8、9；西方人忌13。

（5）不同地区的人对动物或图像有所忌讳。美国人忌蝙蝠；英国人忌大象；法国人忌孔雀、核桃；德国人忌铁锤、镰刀的图案；日本人忌荷花及金色、银色的猫。

创业者必须懂得所在地的相关忌讳，在组织货源、销售、设计商标和广告、介绍商品时要注意。

3. **供其所需**

做生意、搞业务，要了解和掌握顾客什么时候需要什么东西，要提前做好准备，及时供应，才有生意可做。例如：

（1）下雨天，人们需要雨伞、雨衣、水鞋。

（2）大暑天，人们需要冷饮、电风扇、空调。

（3）寒冷季节，人们需要各种御寒物品。

（4）办喜事，需要糖果、香烟、酒。

（5）孩子上学，需要文具用品、书包。

（6）家用电器有故障，需要找家电维修师傅。

（7）房门的钥匙丢了，需要找专业的开锁师傅。

（8）家里有老人要照顾，需要到家政公司请保姆。

（9）生小孩，需要到家政公司请月嫂。

社会上的需求是多种多样的，创业者要精准把握这些需求，主要方法包括：一是要留意季节，应季的产品才好卖；二是要留意不同人的需求，及时供其所需，识时务者为俊杰。

4. 激其所欲

做生意不仅要按照顾客的需求来组织货源，还要想方设法激发顾客的潜在需求。例如：在样式和功能方面，要不断创新；在质量方面，要不断取得顾客的信赖；在销售方面，要经常改变方式。这样，才能诱发顾客的潜在需求，吸引顾客，变滞销为畅销。现在许多商家都推出了促销活动，比如买一送一、商品打折、产品终身保修等，就是为了激发顾客的潜在需求的实例。

在市场竞争激烈的时代，创业者确实需要多动脑筋，积极创新，千方百计把顾客吸引过来，才有生意做。

5. 补其所缺

人们的需求是多种多样的，诸如衣食住行、生老病死，各有各的需求。可是，市场上往往是缺这缺那，这就给创业者提供了机会。创业者要留意市场缺货的机会，补其所缺，这样就有生意做了。例如：

台风季节，我国沿海地区田地里的农作物会遭受破坏，导致产量下降，价格上涨。创业者可以想办法组织菜篮子的货源，补其所缺，肯定好销，肯定能赚钱。

创业者要留意市场上供求关系的变化，在资金和物资等方面有所准备，一有机会就上，产品就有销路。人们常说“一季旺三秋”，一笔大生意，能抵得上一百笔小生意。

6. **释其所疑**

对于一种新产品，顾客在诸如功能、质量、保修等方面都会有顾虑。创业者要对新产品进行宣传，耐心介绍新产品的功能、使用方法等方方面面的内容，设法使顾客的疑虑得以消释。特别是档次高、价钱贵的新产品，顾客更加不敢贸然购买。在这个广告满天飞的时代，顾客对于广告内容的真实性是存在怀疑的，商家无法单纯地用广告来吸引顾客。因此，如果你的产品确实是质量过关，方便好用，就可以采取现场操作演示、承诺保修、定期跟踪服务等方法来赢得顾客的信任并获得良好的口碑。

现在有些厂家的产品，总是打出“全国著名商标”的广告词，这是很可笑的。顾客是买你的产品，而不是买你的商标，一看你的广告词，就知道你在吹牛，觉得你这个厂家不可靠、哗众取宠，反而不会买你的产品！所以，广告词还是实实在在的好。

7. **解其所难**

有些顾客很想在你的公司或商店购买产品，但有时会有这样或那样的问题，如尺寸的大小、数量的多少、货款的支付方式、交货的方式等。创业者要热心帮助他们解决困难。这样，他们一定会乐意购买你的产品，也能为你攒下口碑。

例如：有一位顾客，在你店里买了一件衣服或鞋子给他的朋友，但回家一试不合适，在没有弄脏、没有损坏的前提下，要求更换。这时，经营者必须乐意为其调换。你越是热情对待他，他越会感到不好意思，越是乐意常来光顾。

实践经验证明：服务是否周到、能否为顾客排忧解难是检验一家商店或公司会不会做生意的标准。为顾客着想、为顾客排忧解难，就能吸引顾客、留住顾客。

案例一

2011年，笔者在某商场买了一台数码电视机。买回来以后，发现这台电视机有些问题。笔者打电话告诉商场，他们要笔者去找厂家。于是笔者把问题反馈给厂家，可是厂家却说这属于商场负责的范围，结果双方推来推去，都不肯解决问题。这样的厂家，这样的商场，以后谁还敢去买他们的产品？

案例二

1999年，笔者在佛山市开发了一个很大的客户，每个月都有大量的电视机要发往重庆、成都以及其他城市。笔者从接到的第一单业务起，就亲自安排操作，并叮嘱手下的员工，无论何时一定要按时按质完成任务，并保证售后服务。从此，这家大客户对我们公司的操作和售后服务都很满意，几十万台的彩电全部交给我们运输。几年过去了，笔者被调离佛山。有一天，我们佛山地区的营业部经理接到一个电话，对方问："你们是不是饶锦麟负责的那个公司？"经理回答："是的，我们就是饶锦麟负责的。"对方听后，很放心地说："那好，是饶锦麟负责的公司我们就放心了，你们下午派车来提货吧。"说罢，便把他们公司的电话、地址告诉了部门经理。从此，我们公司跟那家电视机厂又联系上了，他们的业务又交给我们做了。由此可见，你的口碑好、服务好，你走到哪里都不怕没有客户，生意就有得做了。

四、关于登广告

企业通过媒体（报纸、电视、网络等）登广告，是销售的一种方法。通过媒体刊登广告有传播速度快、传播范围广等优点。

1. 报纸广告

现在许多报纸上都有广告专版，在报纸上登广告收费不高，效果比较好。

2. 电视广告

笔者比较不赞成在电视上登广告，理由如下：

（1）观众最讨厌看电视广告，因为：一是虚假的多，吹牛的多；二是影响了观众看电视。既然观众不爱看，企业干吗还要花钱登电视广告呢？

（2）电视广告收费高，如果请明星代言，那花费就更高了。而且播出时间很短，只有几秒钟的时间。既增加了成本，效果也不见得好！

3. 网络广告

现在越来越多的人喜欢在网络上做广告，网络广告费用较低，还可以与消费者互动，而且覆盖范围广。

4. 关于广告词

登广告，目的是宣传企业的产品，但报纸的版面有限，电视播放的时间也有限，因此，你的广告词就必须简明扼要，让大家看得懂，记得住。切忌空洞无物，切忌吹牛，否则将适得其反。

企业花重金请明星做代言人，少则几十万元，多则上百万元，就在电视上出现几秒钟，有什么效果？值得吗？现在生意难做，企业利润已经少得可怜，你还要花几十万元，甚至上百万元请明星做广告。试问：几十万元，上百万元，企业要卖多少产品才能赚回来？决策者心疼不？格力空调的老板就很聪明：她自己当本企业产品的代言人，既亲切，又真实，还省钱，效果反而更好。这才是真正的实干家！

第十五章　创业应注意事项

一、别以为一下子就能成为大老板

年轻人创业，容易走进一个误区，以为一下子就能成为大老板，这是很不现实的。世界上任何事情，都有个发展的过程。创业也是如此，都是从无到有，从小到大，从弱到强。现在的许多大老板，刚开始创业都是从小生意做起的。例如：

（1）现在许多餐饮行业的大老板，创业初期，只是在街头巷尾摆个小摊档的小贩。

（2）现在许多大型贸易公司的大老板，创业初期，只是在夜市里摆地摊的小贩。

（3）现在许多大商场、大超市的大老板，创业初期，不过是在家门口开小士多店的小老板。

（4）现在许多批发市场、饲养场、饲料厂的大老板，创业初期，是在肉菜市场里卖鱼、卖猪肉、卖蔬菜、卖鸡蛋的小贩。

（5）现在许多大型物流公司的大老板，创业初期，是在批发市场附近，租个小档口，从事货物托运的小老板。

（6）现在最有钱的行业是房地产，其中有不少的大老板，在创业初期也只是个开建材店的小老板、建筑行业的小包工头。

（7）现在的许多大型的家电产品集团的大老板，创业初期，也只是个小作坊的小老板。

二、根据社会的需求确定自己的创业项目

1. 社会的需求是创业的关键

创业者创业前，应根据社会的需求，确定自己的创业项目（干哪一行），否则，就会盲目瞎干，就会失败。

社会的需求，包括下列几方面：

（1）国家的国民经济建设（范围很广、需求量很大）。

（2）国防建设。

（3）人民群众日常生活的必需品（范围很广、需求量很大）。

（4）自然灾害的急需品（例如：沙包、帐篷、钢材、水泥、木材、棉被、毛毯、食物、饮料、药品等）。

（5）其他方面的需求。

①随着我国老龄化速度的加快（据统计2012年我国老年人有2亿人，以后还会逐渐增加），这就给养老、养生、保健等行业带来巨大的商机，我国老年人用品、养生、保健行业的市场很大。创业者可考虑经营老人院（老人公寓、养老院）、老人服装、老人鞋、老人保健品、老人用品等，大有可为。

②我国儿童有几亿人，现在又放开了二胎政策，创业者可考虑经营与儿童相关的行业，而且，大人舍得花钱给孩子买东西，所以生意比较好做。

③女性的购买力是很强的，创业者可考虑经营女式服装、美容化妆品、保健品等，肯定好卖。

④许多家庭有老人和小孩，但由于精力有限，无暇照顾，需要请保姆，创业者可考虑经营家政行业。

⑤电脑、手机已经进入千家万户，创业者可以从事这方面的行业（销售、维护），肯定有生意。

⑥随着现代人生活节奏的加快，办事、购物要求方便、快捷。因此，快递行业、电子商务等应运而生。创业者可以考虑从事这些行业，有得做。

⑦我国高血压、糖尿病患者人数很多，创业者可考虑经营有关这方面的行业（如无糖食品），会有生意。

⑧随着城市人口越来越多，买房的、卖房的、租房的人也越来越多，创业者可考虑经营房屋中介行业。

⑨现代人的法律意识在逐渐提高，因此，具有这方面专业的人士，可以考虑经营律师事务所。

社会上还有许多需求，还有许多不为人注意的行业，创业者只要善于观察，开阔思路，有许多行业是有得做的。

2. 要注意社会需求量的多与少

（1）社会需求量大，生意就好做；反之，社会需求量不大，生意就难做。

（2）社会需求量虽然大，但大家都一窝蜂地去做，最后会导致供大于求，生意也就不好做了。

（3）社会需求量还可以，而且从事这方面的人少时，可以考虑。

（4）社会需求量极少，人们对这一产品的需求是有弹性的，就不要去考虑，免得浪费时间和资金。

三、根据自己的实际情况确定创业项目

1. 根据自己所学的专业（技能、特长）

（1）会理发，就开理发店（有资金、技术好，可以开发型设计店）。

（2）会搞饮食的，就开餐厅、小吃店、饭店（有资金，又有经验的，可以开中高档饭店、酒楼）。

（3）懂电脑、手机的，可以开电脑、手机专卖店或维修店。

（4）懂家电的，就开家电专卖店或家电维修店。

（5）懂裁缝的，就开裁缝店（资金雄厚、有经验，可以开服装厂）。

（6）懂美容的，就开美容店。

（7）懂修摩托车的，就开摩托车修理店，兼卖摩托车配件。

（8）懂修自行车的，就开自行车修理店，兼卖自行车零配件。

（9）懂修理汽车，又有一定资金的，可以开汽车修理厂。

（10）懂建材的，就开建材店。

（11）懂五金的，就开五金店。

（12）懂教育、有资金、有师资的，可办学校（包括：托儿所、幼儿园、中小学、辅导班等）。

（13）懂医学、有临床经验、有医师执业证的，可以开诊所。

（14）懂财务会计的，可以开会计师事务所。

（15）懂法律、有营业证的，可以开律师事务所。

（16）懂物流的，可以开物流公司（包括快递公司）。

（17）懂贸易的，可以开贸易公司。

（18）懂种植、饲养的，可以办果园、菜园以及养殖场。

只要多观察、多思考，根据社会的需求和自己的特长、爱好及财力，创基立业，肯定有作为。但是，作为过来人，笔者还是要告诉准备创业的朋友们：只要走正道，任何行业都没有高低贵贱之分，任何行业都可以成才。只要立志、勤奋、博爱、机智、守法，创业就能成功。

2. 根据自己的性格和爱好

（1）一个人的性格、爱好，决定了他的事业和命运。只有那些敢闯敢干，有雄心壮志且求实务实、勤奋好学的人士才适合创业。

（2）如果一个人热爱他的工作，他肯定会千方百计地把工作做好。反之，如果对工作没有热情，就什么事也做不好。

3. 根据自己的经济实力

（1）创业是“真金白银”的事，不是开玩笑的！没资金，你就玩不起、亏不起！

（2）创业有风险！创业能否成功是个未知数，谁也不敢担保不亏本。因此，寄语想创业的人士：没有还债能力，千万别借钱去做生意，一旦血本无归，没钱还债，就会出事！

（3）有多大的头，就戴多大的帽；有多少钱，就办多少事。千万不可脱离实际，不可超越自己的实际经济能力。否则，就会出事！

4．根据自己的家庭情况

（1）如果家里有老有小，靠你一个人打工维持生活，家里也没有什么产业和积蓄，你就别轻举妄动，还是老老实实去打工，待有基础的时候，再创业。

（2）如果家里父母亲有退休金，配偶有工作，还有一定的物业和积蓄，就不怕出来闯一闯、搏一搏！

（3）夫妻双方都有工作单位，不要都辞职“下海”，要留下一个人“镇守大本营”，维持家庭生活开支。这样，风险才没那么大，万一创业不成，才有退路。如果夫妻双方都辞职“下海”，万一亏了、失败了，就会“全军覆没”，很危险！

四、要对投资项目进行考察和论证

1．了解该行业的社会需求

对准备投资的项目，应实地了解当时、当地的社会需求。有需求，而且需求量大，才有生意做；需求量甚少且产品需求弹性大的项目，就不要去考虑。

2．了解该行业顾客的消费能力

不同阶层的人物，需求和消费能力是不同的。创业前，要作认真的了解和研究：顾客是什么阶层？什么身份？什么职业？经济情况、购买力、消费能力、消费水平如何?

3. 了解当地各阶层人物数量上的比例是多少

创业所在地有哪些阶层?人数有多少?应进行实地考察。

(1)亲自到当地住几天,早、午、晚到街上走走。观察街上走的、到商店购物的、到理发店理发的、到小吃店买早点的、到饭店吃饭的、到肉菜市场买菜的是些什么人。

(2)找当地人咨询了解(最好在当地有熟人)。

(3)把了解、观察到的情况记录下来,进行分析。

根据实地考察了解到的信息可以大概判断当地各阶层人物数量的多少,确定你想做的项目能否在那里经营。

五、开支要有计划

(1)确定创业的项目后,就要制订投资计划,要有预算。

(2)制订计划,作预算,应实事求是。要多考虑可能遇到的困难和可能出现超支的状况,预算要留有余地。不可超出自身的承受能力,不可把钱全放进去,否则,一旦超支,你就招架不住!经济有限、资本微薄的创业者,更需要做好计划和预算。

(3)项目预算,包括下列内容:

①办理工商执照、税务登记等各种证件的费用。

②注册资金,现在不像以前那样注册资金可以开"空头支票",现在办证,必须有银行出具的实际资金证明,否则,工商部门是不允许办理的。

③场地费用。

④装修费用。

⑤购买设备的开支。

⑥购买工具、材料的开支。

⑦从业人员的工资（包括基本工资、五险一金，如果包吃包住的，还要支付宿舍租金和伙食开支）。

⑧水电费开支。

⑨电话费。

⑩业务人员的交通费、差旅费。

⑪流动资金。

⑫风险储备金。

六、投资金额应量力而为

（1）刚刚创业，千万不可心气高、头脑发热、不自量力地搞“高、大、全”（高起点、大规模、全方位），否则，一旦遇到市场变化，资金链断裂，就会阵脚大乱，以失败告终！

（2）如果自己没有还债能力，千万不可向别人借钱，更不可借高利贷。否则，一旦创业失败，血本无归，届时债主上门追债，无能力还债，就会出事。

（3）实事求是，稳步前进。创业者刚创业，首先要打好基础，稳步前进。如果根基不牢固，一旦遇到风险，就难以支撑，创业就会失败。总之，创业者必须踏踏实实，一步一个脚印地稳步前进，方为上策。

七、要有风险意识

1. 决策前，对风险要有预测

决策前，创业者不能只看到（想到）好的一面、顺利的一面，也要预测可能会出现的风险，并准备好应对措施。有备无患，一旦遇到风险，才能处变不惊，例如：天气变化是自然规律，“靠天吃饭”的行业因天气变化而导致的损失是不可避免的。因此，创业者在决策前，一是对风险要有认识，二是对风险要有准备，三是对风险要有对策。

2．防止差错事故

任何行业，都会有差错事故。实践证明：发生差错事故，会浪费许多人力、物力和财力，造成极大的损失。

创业者平时就要重视和抓好规范化作业，落实防火、防爆、防盗、防工伤、防交通事故等安全事项。如果平时没有风险意识，没有做好安全防范措施，一个事故就可能令创业者倾家荡产！

3．从事农业要有经验

别以为搞农业就是拿锄头那么简单，不管搞种植业还是搞养殖业都需要相关的技巧和经验。如果连二十四节气都不懂，毫无农业知识的人，就不要去碰农业，否则会碰得“头破血流”。

4．从事农业需要具备一定的条件

（1）在农作物收获的季节（特别是搞果园和养殖业），如果你不是当地人，劳动成果就容易被人窃取，一年的辛苦就白费了！猛虎斗不过地头蛇，你防不了他们，斗不过他们。

（2）当地人在自己家乡搞农业，对当地的气候、土壤很了解。

（3）当地人在自己家乡搞农业，能得到当地政府和群众的支持和关照。

（4）当地人在自己家乡搞农业，乡亲们一般不会刁难你，不会欺负你。

八、先求生存，后谋发展

1. 切莫想一步就登天

有不少的创业者（特别是年轻的创业者）一开始就想开大公司、做大生意、赚大钱……这是很不现实的。世界上任何事物，都有个发展的过程，不可能一下子就能达到目的。创业的过程也是一样，荆棘丛生、道路坎坷，成功与否，还是个未知数。如果理想大于现实，脱离实际，就是空想，就会失败。

实践证明：创业，先求生存，后谋发展。创业者，应千方百计求生存，能生存下来就有希望，能生存下来就能谈发展。如果连生存都困难，还奢谈什么发展呢？脚跟还没站稳，就想飞天？虚荣心要不得，虚浮作风要不得。只有踏踏实实，稳扎稳打，稳中求进，一步一个脚印地创业，才是创业者应具备的良好素质和心态。

2. 别搞"高、大、全"

所谓"高、大、全"，是指高起点、大规模、全方位。万事开头难，刚刚创业，许多事情需要摸索和积累经验，要为生存和发展打下基础。因此，刚刚创业，创业者不可唱高调，不可"全面开花"，应先搞试点，好好经营，摸索和积累经验。一来可以生存下去，二来条件成熟后，伺机发展，可进可退。这是创业之道，也是经验之谈。

九、不要搞"皮包公司"

所谓"皮包公司"，是指那些没有固定资产，既不是买家，也不是卖家，靠吃提成的所谓"公司"。人家要什么货，他"有什么货"；人家有什么货，他"要什么货"（其实，都是子虚乌有，他什么货都没有，什么货都不要）。

1980—1993年，全国各地“皮包公司”盛行。因为，那个年代是计划经济年代。一是社会上物资奇缺，特别是生产和生活方面的紧俏物资，如钢材、水泥、彩色电视机、冰箱、洗衣机、空调、粮食等；二是那个年代，人们刚刚“下海经商”，没有经验；三是那个年代，许多紧俏物资都要“走后门”“拉关系”才能买得到。因而，造成了“皮包公司”大行其道的现象。那个年代，许多人在大谈“生意”，许多人到处奔波（实际上是想弄点钱），有些人甚至到处招摇撞骗，浪费时间、浪费精力。至于业绩如何？除了极少数靠卖“政府批文”发了财以外，绝大多数搞“皮包公司”的人都是瞎跑、瞎忙，劳而无功，竹篮打水一场空！

案例

1980—1993年，笔者也学人家搞“皮包公司”，因为“皮包公司”不用本钱，可以“无本万利”。那时候，钢材、水泥、冰箱、彩电最缺，笔者就天天打听谁要什么货、谁有什么货，日夜奔波、废寝忘食。其实，自己什么货都没有，什么货都不要。那些所谓的“信息”，都是道听途说，子虚乌有的。当人家真的要货时，笔者根本拿不出来；而当人家真的有货要卖时，自己根本就不是买家，也找不到买家。

从事“皮包公司”十三年，笔者日夜奔波，天天“谈生意”，表面上看来像个“大老板”。其实，什么都没有，什么都没得到。十三年的宝贵时光，就这样白白浪费了！人也累垮了，名声也搞坏了。

十、不要随便开工厂

开工厂，听起来很好听。可是，开工厂比开公司、开商店风险更大！

创业者（特别是初创业人士），在资金没到位、销路没把握的情况下，不要随便开工厂。否则，风险很大，后果不堪设想！

理由是：

（1）开工厂，需要很大的场地，但现在地价昂贵，有些土地简直就是“寸土寸金”，买地（或租地）需要巨额资金。

（2）开工厂，要购买机器、设备，需要巨额资金。

（3）开工厂，要购进原材料，需要巨额资金。

（4）开工厂，要有技术人员和生产工人，要发工资、要解决员工吃、住等问题。

（5）设置消防设施、环保设施，需要巨额资金。

（6）需要支付水电、燃料及其他日常费用。

（7）工厂刚刚创立，在没有业务和订单的情况下，就要先投资搞基本建设，还要支付一大笔费用。至于工厂是赚是亏，尚是个未知数。

（8）当工厂的一切基本条件都满足时，万一社会形势有变、市场行情有变，导致业务量下降，产品卖不出去，入不敷出，老板就会“坐吃山空”，这很危险！

（9）那边生意惨淡，这边要给员工发工资，还要支付日常的费用。这时候，创业者比谁都难受，上天无路、入地无门。

所以，寄语创业者：没有办厂经验、没有足够资金、没有可靠的业务订单，千万别随便开工厂！

十一、不要搞传销

传销，一些人以为这是一种时髦的行业，以为搞传销可以发大财。其实，所谓传销，就是打着“某某科技公司”“某某贸易公司”的招牌，一件只值几十元的物品，却被传销人员卖到几百元甚至上千元。所谓传销，都是你骗我，我骗你；人家拉我下水，我也拉你下水。大多数上当受骗的人，都是被自己的亲朋好友拉下水的。有许多搞传销的人，一进入这个圈子，就被那些黑道组织控制，没有人身自由，只好越陷越深。许多传销人员背井离乡、不务正业、妻离子散。传销，害人害己。寄语涉世不深、发财心切的人士：创业应走正道，千万别搞传销！

十二、千万别制毒贩毒

有些人想发横财、想迅速发大财，经坏人诱惑，去搞制毒贩毒，这是万分危险的行当！世界上任何国家，对制毒贩毒都是深恶痛绝、严厉打击！那些误入歧途的制毒贩毒分子，既害别人，又害自己，纷纷走上不归路！寄语涉世不深的人士，千万别干这种蠢事！一失足成千古恨！

第十六章　合同及劳资常识

创业过程中，办公司、开商店、采购出货、销售、提供服务项目、租赁等都需要签订合同。在创业的过程中也会经常遇到劳资问题。因此，创业者平时学点合同及劳资方面的常识，在实践中会有帮助的。

一、什么叫合同

合同，通俗的理解是指双方（或多方）当事人，依照法律，在平等互利、自愿的原则下，订立的有关权利和义务的协议。

依法订立的合同，具有法律效力，双方权益都受法律保护，对当事人双方（或多方）都有约束力。

二、为什么要签订合同

在经济来往以及其他事务来往方面，为了维护自身的权益，需要一种具有约束对方（或多方）的法律文件。在合作期间，双方（或多方）共同遵守合同中的相关规定，一旦发生纠纷，才有依据。白纸黑字，盖了公章、签了字的文件，才能得到法律的保护。

可是，在现实中，有一些单位、企业及个人，在进行经济交易或其他事务的过程中，对签订合同的重要性认识不足，缺乏风险意识，缺乏自我保护意识。没有依据、没有约束，一旦发生问题（纠纷），就会吃亏！或者是所签的合同不规范，也会吃亏。

三、经济合同有哪些条款

（1）当事人的名称（是单位、企业的，要用全称；是个人的，要用真实姓名）。

（2）当事人的地址（是单位、企业的，要用营业执照上的详细地址；是个人的，要用本人户口所在地的详细地址）。

（3）标的（货物、劳务、工程项目及其他项目）。

（4）数量、规格。

（5）质量。

（6）价款（或报酬）。

（7）履行合同的期限、地点和方式。

（8）违约责任。

（9）根据法律规定的，或按经济合同性质必须具备的条款，以及当事人一方要求必须规定的条款。

（10）违约责任。

（11）解决争议的方法。

（12）合同的起止日期。

注意：制定、书写规范合同，可参照相关合同的示范文本。

四、经济合同有哪些种类

1. 购销合同

购销合同包括供应、采购、预购等方面的合同。

购销合同，应规定产品的质量、规格、数量、包装、产品价格、交货期限及违约责任。

2. 租赁合同

租赁合同是出租人将租赁物（例如房屋、店铺、场地、车辆、设备等）交付承租人使用、收益，承租人支付租金的合同。

3. 借款合同

借款合同是借款人向贷款人借款，到期返还借款，并支付利息的合同。

4. 建设工程合同

建设工程合同是承包人进行工程建设，发包人支付价款的合同。

5. 承揽合同

承揽合同是承揽人按照定做人的要求，完成工作，交付工作成果，定做人给付报酬的合同。

6. 货运合同

货运合同是托运人将货物交给承运人，按规定的条款，将货物安全、按时运送到约定地点，由托运人支付运费的合同。

7. 仓储保管合同

仓储保管合同根据存货方委托储存货物，双方约定有关规定，确保无损失、无损坏后，由存货方支付仓储保管费的合同。

8. 保险合同

保险合同是投保人与保险人约定保险权利、义务关系的协议。

9. 科技协作合同

受托人（或技术转让人）接受并完成委托人（或技术受让人）提出的有关科技项目的需求任务的合同。

五、制定和签订合同应注意事项

（1）合同的制定，要尽量规范化，做到结构严谨、条款清晰、排列有序、格式规范。

（2）甲乙双方的单位名称，必须是全称，不能简称。

（3）个人合同，必须是真实姓名。

（4）单位地址，必须是营业执照上的详细地址。

（5）个人地址，必须是个人户口所在地的详细地址。

(6) 合同对双方都是平等的，双方都可以提出约束对方的条款。如果某一方只要求另一方做什么，却不提自己这一方应该做什么，这样的合同是不合理的，是霸王条款，是无效合同。

(7) 合同的条款，必须是双方经过协商，达成共识，双方都能接受的。

(8) 合同的职责、义务，就是承诺，确实能做到的才写进去，如果确实做不到的，就不要写进去。

(9) 对于合同的条款、期限、金额、违约责任等，一定要小心谨慎。白纸黑字，是要负责的，想赖也赖不了。

(10) 合同的用词，必须认真推敲。打起官司来，是咬文嚼字的，要防止对方钻了你的空子。否则，就会吃亏。

(11) 合同是有法律效力的，盖公章及签字之前，要认真细看和审核有关条款。发现问题，应找有关专家或律师参与研究，不可匆匆忙忙地盖章签字，不然的话，出了问题，就麻烦了，就会吃亏！

六、劳资常识

随着《中华人民共和国劳动法》(以下简称《劳动法》) 的实施，劳动者对《劳动法》有所了解，劳动保障的意识逐渐增强。因此，用人单位应学习《劳动法》。最好是到书店买一本《劳动法》，随时可以学习和备查。

通过学习《劳动法》，才知道当老板的在雇工方面应该注意哪些法规，遇到问题，才能心中有数，可以避免许多麻烦。

《劳动法》的主要内容包括：

1. 劳动合同的订立

(1) 用人单位自用工之日起，即与劳动者建立劳动关系。用人单位应建立职工名册备查。

（2）用人单位招用劳动者时，应如实告知劳动者工作的内容、条件、地点、职业危害、安全生产状况、报酬，以及劳动者要求了解的其他情况。用人单位有权了解劳动者与劳动合同直接相关的基本情况，劳动者应如实说明。

（3）已建立劳动关系（已经上班了），未及时订立书面劳动合同的，应自用工之时起一个月内，订立书面劳动合同。

（4）用人单位与劳动者在用工前订立劳动合同的，劳动关系自用工之日起建立。

2. 劳动合同的分类

（1）固定期限劳动合同是指用人单位与劳动者约定合同终止时间的劳动合同。

（2）无固定期限劳动合同是指用人单位与劳动者约定无确定终止时间的劳动合同。

（3）以完成一定工作任务为期限的劳动合同是指用人单位与劳动者约定，以某项工作的完成为合同期限的劳动合同。

用人单位与劳动者协商一致，可以订立以完成一定工作任务为期限的劳动合同。

3. 劳动合同的条款

（1）用人单位的名称、住所（营业执照上注明的详细地址）、法定代表人或主要负责人。

（2）劳动者姓名、住址（户口所在地及现在的详细住址）、身份证（复印件）。

（3）劳动合同期限。

（4）工作内容和工作地点。

（5）劳动报酬。

（6）社会保险。

（7）劳动保护、劳动条件、职业危害性防护。

（8）法律、法规的有关规定，也应纳入合同的其他事项。

（9）试用期期限。

4．关于试用期的规定

（1）劳动合同期限三个月以上、不满一年的，试用期不得超过一个月。

（2）劳动合同期限一年以上、不满三年的，试用期不得超过两个月。

（3）三年以上固定期限及无固定期限劳动合同，试用期不得超过六个月。

5．劳动合同的解除和终止

（1）劳动者提前三十日，以书面形式通知用人单位，可以解除劳动合同。

（2）用人单位有下列情况之一的，劳动者可以解除劳动合同：

①未按照劳动合同约定提供劳动保护或劳动条件的。

②未及时足额支付劳动报酬的。

③未依法为劳动者缴纳社会保险费的。

④用人单位的规章制度违反法律、法规的规定，损害劳动者权益的。

⑤无效合同或部分无效合同。

（3）劳动者有下列情况之一的，用人单位可以解除劳动合同：

①在试用期内，被证明不符合录用条件的。

②严重违反用人单位的规章制度的。

③严重失职，营私舞弊，给用人单位造成重大损害的。

④劳动者同时与其他用人单位建立劳动关系，对完成本单位的工作

任务造成严重影响，或者经用人单位提出，拒不改正的。

⑤无效合同。

⑥被依法追究刑事责任的。

6. 制定和签订劳动合同应注意事项

（1）应聘者（劳动者）的身份必须真实可靠。社会上鱼龙混杂，知人知面不知心。现在什么都有假的，单位和企业在招人的时候，特别是在签合同之前，要提高警惕，要有严格的审核过程。

①身份证有假。用人单位应找政府有关部门（公安局、派出所）验证核实应聘者身份证的真假。

另外，还要劳动者提供本人户口簿复印件，交公司行政部门备案（户口簿是很难作假的）。

最好是要求劳动者带上户口簿的原件，交用人单位审核，并复印一份由用人单位备案后，户口簿原件交回劳动者。这个办法最好，最可靠。

②毕业证有假。用人单位应向应聘者的毕业院校核查毕业证的真假，切莫被骗。

③驾驶证有假。用人单位要向交通管理部门查证落实，提防假证。

④履历有假。有些人虚报履历（简历），用人单位不可轻易相信，可向有关单位调查核实。不诚信、虚假之人不可用！

（2）用人单位对于承诺过的工资待遇和福利要兑现，别开“空头支票”，不然会影响公司的诚信。

（3）用人单位对于某些特定岗位的员工（如财务人员、司机等）应提高警惕，要严格执行诚信审核手续，不可麻痹大意。否则，人消失了，钱也无影无踪了，世界这么大，人海茫茫，到哪里去找？吃亏的是公司，是老板。

第十七章　常用名词解释

创业者，经常会遇到一些行业用语、法律法规名词，如果一问三不知，且不懂得运用，在实践中会吃亏。现将常用的行业用语、法律法规名词做一些简单介绍。

一、什么叫订金

订，是约定的意思。购买方对某件物品（或某个项目）有购买意向，先付一部分现金，作为购买的诚意，先行预约（双方应约定具体购买并付全款的具体日期，收款人应开收据给购买方）。待正式购买时，再支付余下的金额。如购买方因特殊原因，不买该物品（项目）时，在没有超过约定日期的前提下，收订金的一方，应把订金退回购买方。如购买方超过约定日期，则不能退回订金。

二、什么叫定金

定，是决定、肯定、一定、必定的意思。

购买方决定购买某件物品，先行支付部分金额，作为债权担保（双方约定支付金额的具体日期）。购买方（支付定金的一方）履行债务后（支付全款后），定金应抵作价款，余额补交。如付定金的一方，不履行约定的债务（不买了）时，所付的定金是不能退回的。如收受定金的一方，不履行约定的债务时，应双倍返还定金给支付定金的一方。当事人既约定违约金，又约定定金的，一方违约时，对方可选择适用违约金或定金的条款，向违约方索赔（《中华人民共和国合同法》第七章“违约责任”的有关条款）。

注意：订金和定金，同音不同义，应谨慎小心！

三、什么叫法人

法人是法律名词，是指具有民事权利能力和民事行为能力，依法独立享有民事权利、承担民事义务的组织。

依照公司章程的规定，由董事长（执行董事）担任法人，依法进行登记。公司法人代表如需变更，须到工商部门办理变更手续。

四、什么叫公司

公司是指一般依法设立的，有独立的法人财产，以其全部财产对公司的债务承担责任，并以盈利为目的的企业法人。

五、什么叫企业

企业是以盈利为目的，从事生产、流通或服务性活动，实行独立核算、自主经营、自负盈亏的法人或其他社会经济组织。

企业，有其基本特性，与公司有一些区别（例如出资不同、责任形式不同、法律地位不同、管理体制不同、适用法律范围不同等），并非所有的企业都是公司。

六、什么叫企业集团

企业集团是由一个或若干个大、中型企业，通过资产经营一体化，吸收较多企业或事业单位参加，组成人力、物力、财力统一的，从事专业化、综合性经营的经济实体，并实现产、供、销一体化。

七、什么叫有限公司

有限公司是由较少人数的股东组成，各股东对公司责任以出资额为限。其资本总额，由股东缴足，不得分期缴款或向外招募，也不分若干等额的股份。

公司，以其全部财产，对公司的债务承担责任。如果公司破产、负债，所承担的债务金额，就以其注册资金总额为限（到工商局注册时，须注明是有限公司）。

有限公司的股东，按其出资份额，利益共享，风险共担。

八、什么叫有限责任公司

1. 由若干个股东组成，股东以其认缴的出资额为限，对公司承担责任

有限责任公司以其全部财产，对公司的债务承担责任（到工商局注册时，须注明是有限责任公司）。

有限责任公司的股东，与公司利益共享、风险共担。

2. 设立有限责任公司，应具备下列条件

（1）股东符合法定人数（2 人以上，50 人以下）。

（2）股东出资达到法定资本最低限额：

①以生产经营为主的公司，注册资本最低限额 50 万元人民币。

②以商品批发为主的公司，注册资本最低限额 50 万元人民币。

③以商业零售为主的公司，注册资本最低限额 30 万元人民币。

④科技开发、咨询、服务性公司，注册资本最低限额 10 万元人民币。

⑤特定行业的有限责任公司，注册资本最低限额需高于前款所定限额的，由法律、行政法规另行规定。

（3）要有股东共同制定的公司章程，具体内容包括：

①公司名称和住所。

②公司的经营范围。

③公司的注册资本。

④股东的姓名（或参股单位的名称）。

⑤股东的出资方式、出资额及出资时间。

⑥公司的机构及产生的办法、职权、议事规则。

⑦公司的法定代表人。

⑧股东会议认为需要规定的其他事项。

⑨股东应在公司章程上签名并盖章。

3. 货币出资与其他出资

股东可以货币（现金）出资，也可以将实物、知识产权、土地使用权等估价后出资（应办理财产权的转移手续）。

4. 成立有限责任公司应交证件

（1）公司董事长或执行董事签署的《公司设立登记申请书》。

（2）《企业（公司）申请登记委托书》。

（3）公司章程。

（4）股东的法人资格证明或者自然人身份文件。

（5）验资报告。

（6）董事、监事的任职文件。

（7）经理的任职文件。

（8）董事长或执行董事的任职证明。

（9）公司董事、监事、经理的身份证复印件。

（10）公司住所（场地）使用证明。

（11）《企业名称预先核准通知书》。申请执照时，首先要到当地工商部门领取《企业名称预先核准申请表》，由当地工商部门查核该名称有无重复。如无不妥，则发给《企业名称预先核准通知书》。

（12）法律、行政法规规定设立有限责任公司必须经审批的，需提交有关部门的批准文件。

（13）公司的经营范围涉及法律、行政法规规定必须报经有关部门审批的，需提交有关部门的批准文件。

5. 出资证明书

有限责任公司成立时，应发给出资人《出资证明书》。《出资证明书》内容包括：

（1）公司名称。

（2）公司成立日期。

（3）公司注册资本。

（4）股东的姓名（或参股的单位名称）。

（5）缴纳的出资额及出资日期。

（6）《出资证明书》的编号和核发日期。

（7）公司盖章。

6. 有限责任公司应建立股东名册

股东名册应包括以下内容：

（1）股东的姓名（或参股单位名称）、住所。

（2）股东的出资额。

（3）《出资证明书》的编号。

九、什么叫股份有限公司

（1）股份有限公司是公司的组织形式之一，由有限责任公司股东组成。

（2）股份有限公司的资本分为若干份等额的股份，由股东按股认缴，取得股票。

（3）股票可以自由买卖或转让。

（4）股东有权取得股息。

（5）股东对公司所负的责任，以其股份金额为限。

（6）股东大会是公司的最高权力机构，由大会选出董事会，领导公司的一切活动。

（7）通过股份有限公司，可以把许多人的资金合成一笔巨额资本，是资本集中的一种形式。

（8）设立股份有限公司，应具备下列条件：

①发起人符合法定人数。

②发起人认购和募集的股份需达到法定资本最低限额。

③股份发行、筹办事项符合相关法律法规。

④发起人制定公司章程，采用募集方式设立的股份有限公司需经创立大会通过。

⑤要有公司名称，建立符合股份有限公司要求的机构。

⑥要有公司住所。

（9）股份有限公司章程应包括的内容：

①公司名称和住所。

②公司经营范围。

③公司设立方式。

④公司股份总数、每股金额和注册资本。

⑤发起人的姓名（或参股单位名称）、认购的股份数、出资方式和出资日期。

⑥董事会的组成、职权、议事规则。

⑦公司法定代表人。

⑧监事会的组成、职权及议事规则。

⑨公司的利润分配办法。

⑩公司的解散事由与清算办法。

⑪公司的通知及公告办法。

⑫股东大会认为需要规定的其他事项。

十、什么叫股东

股东是股份公司或有限责任公司中持有股份的人，有权出席股东大会并有表决权，也指其他合资经营的工商企业的投资者。

（1）有限责任公司的股东，所承担的公司债务的责任，只以其出资额为限。

（2）有限责任公司的股东，有参加公司会议、盈余分配，以及风险分摊的义务。

（3）有限责任公司的股东，只以其认缴股份全额承担公司责任。

（4）有限责任公司的股东，可以在公司任职，也可以不在公司任职，但对公司的运营有监督权和建议权。

十一、什么叫股东会

（1）有限责任公司股东会，由全体股东组成。

（2）股东会是有限责任公司的最高权力机构。

（3）股东大会是股东表达其意志、利益和要求的主要场合。

（4）有限责任公司股东会的职权：

①决定公司的经营方针和投资计划。

②选举和更换董事、监事，决定董事、监事的报酬事项。

③审议、批准董事会的报告。

④审议、批准监事的报告。

⑤审议、批准公司的年度财务预算方案和决策方案。

⑥审议、批准公司的利润分配方案和弥补方案。

⑦对公司增加或减少注册资本作出决议。

⑧对公司合并、分立、解散、清算或变更公司形式作出决议。

⑨修改公司章程。

⑩公司章程规定的其他职权。

注：上述事项，股东以书面形式说明，一致表示同意的事项，可以不用召开股东大会，直接作出决定，并由全体股东在决定文件上签名确认。

十二、什么叫董事会

（1）有限责任公司的董事会由股东选出的董事组成。董事会对股东会负责，并行使下列职权：

①召集股东大会，并向股东报告工作。

②执行股东会的决议。

③决定公司的经营计划和投资方案。

④制订公司的年度财务预算方案和决策方案。

⑤制订公司的利润分配方案和弥补方案。

⑥对公司增加或减少注册资本作出决议。

⑦制订公司合并、分立、解散、清算或变更公司形式的方案。

⑧决定公司内部管理机构的设置。

⑨决定聘任或解聘公司高层管理人员及其报酬等事项。

⑩制定公司的基本管理制度。

⑪公司章程规定的其他职权。

（2）董事会的有关决定，应写成《董事会会议纪要》，作为文件，发给相关董事，由公司行政部门存档。

（3）股东人数较少或规模较小的有限责任公司，可设一名董事，不设董事会。

十三、什么叫董事

董事是指由公司股东大会选举产生的具有实践权力和权威的管理公司事务的人员，是公司内部治理的主要力量，对内管理公司事务，对外代表公司进行经济活动。

十四、什么叫监事会

监事会是股份公司法定的必备监督，是在股东大会领导下，与董事会并列设置的，对董事会和总经理行政管理系统行使监督的内部组织。股东人数较少、规模较小的有限责任公司，可不设监事会，只设监事就可以了。

监事会（或不设监事会的监事）主要行使下列职权：

（1）检查公司财务。

（2）对董事、高级管理人员执行公司职务的行为进行监督，对违法、违纪、不称职的董事、高级管理人员可提出罢免的建议。

（3）当董事、高级管理人员的行为损害公司的利益时，要求董事、高级管理人员予以纠正。

（4）提议召开临时股东大会。在董事会不履行公司章程和职责时，可以召集和主持股东大会。

（5）向股东大会提出提案。

（6）公司章程规定的其他职权。

（7）监事可以列席董事会会议，并对董事会的决议事项提出质询或建议。

注意：董事、经理、财务负责人不得兼任监事。

十五、什么叫分公司

分公司是指在业务、资金、人事等方面受总公司管辖而不具有法人资格的分支机构。设立分公司，须向当地工商部门申请登记，并领取营业执照。

十六、什么叫子公司

子公司是指一定数额的股份被另一公司控制或依照协议被另一公司实际控制、支配的公司。

子公司具有独立法人资格，拥有自己所有的财产，自己的公司名称、章程和董事会，以自己的名义开展经营活动，从事各类民事活动，独立承担公司行为所带来的一切后果和责任，但涉及公司利益的重大决策或重大人事安排时，仍由母公司决定。

十七、什么叫办事处

这里所涉及的办事处是指办理某种业务或提供服务的地方。公司可在其他地方设立办事处，设立时须向当地工商部门登记，办事处主要负责业务或其他方面的联系。

办事处不具法人资格。

十八、什么叫纳税人、法人和自然人

纳税人是税法规定，直接负有纳税义务的单位和个人，是纳税义务人的简称，是纳税的主体。

法人是指依法成立，享有与其业务相关的民事权利并承担相应义务的社会组织（如公司、社团）。

自然人是一个法律概念，指在自然状态下出生的人。

十九、什么叫税率

税率是对征税对象的征收比例或征收额度。税率是计算税额的尺度，也是衡量税负轻重与否的标志。税率是税收制度的核心和灵魂。

二十、什么叫国税（中央税）

国税（中央税）是指收入较大、税源稳定、政策上需要及宜于统管的税种。在税制体系中，国税（中央税）属于主导地位，便于中央主导和统揽全局。

二十一、什么叫地税（地方税）

地税（地方税）是指收入较为零星分散，增收潜力大，与地方经济联系密切，对全局影响不大，宜于地方直接征收管理，以充分发挥地方积极性的税种。

除国税（中央税）、共享税以外的税种或税收，都是地方税。

二十二、什么叫营业税

营业税是对在我国境内提供应税劳务转让无形资产或销售不动产的单位和个人征收的一种税。

营业税主要是对第三产业征收，与人民生活相关，税率设计一般较低，主要发挥普遍调节作用。

自 2016 年 5 月 1 日起，在全国范围内全面推开营业税改征增值税试点，建筑业、房地产业、金融业、生活服务业等全部营业税纳税人纳入试点范围。

二十三、什么叫增值税

增值税是以商品（含应税劳务）在流转过程中产生的增值额作为计税依据而征收的一种流转税。

增值税的计算方法是以销售商品全值（不含税）乘以适用税率，求出应征税额，减去法定扣除项目（凭进货发票）的已纳税金计算应纳税额。

第十八章　创业感言

一、三十而立，四十而不惑，五十而知天命

1. 三十而立

三十而立是说一个人三十岁（或三十多岁）就要自立，不要依赖父母或别人。对创业者来说，三十岁（或三十多岁）时应该略有建树，略有成就，应该通过自己的努力工作和积蓄，建立属于自己的基本事业和产业。

笔者算了一下：六七岁开始读小学，十二三岁小学毕业读中学，十八九岁高中毕业读大学，二十二三岁大学毕业，打工七八年，再创业几年，正好是三十多岁，符合“三十而立”（创业年龄不是绝对的，有人少年得志，有人大器晚成，应具体情况具体分析。但是，年轻时要努力，确实是千真万确的）。

中国有句名言：少壮不努力，老大徒伤悲。所以年轻人平时要珍惜宝贵的青春年华，刻苦学习，勤奋工作，为创业打下基础。

创业者的典范香港首富李嘉诚，刚出道时先打工，积累经验后，创立长江塑胶花厂。通过努力，赚到了平生的第一桶金，那年，李嘉诚刚好三十岁。

有许多创业者，也是三十多岁就有了自己的基业，无论其规模大小，都是自己努力的结果。

2. 四十而不惑

四十而不惑是说一个人到了四十岁（或者四十多岁）积累了一定的经验和教训，也积累了一些资源，建立了属于自己的事业，做人做事基本上稳定了，不易波动，不易被迷惑，不易乱来。四十多岁属于可攻可守的年龄段，但必须注意：稳健中寻求发展，发展中不忘稳健。

3. **五十而知天命**

首先，对这一句“天命论”应有科学的理解。应排除封建的“天命论”，树立科学的自然规律观。就是说，人到了五十岁左右时，由于经历了许多风风雨雨，对世界上的人和事物，有比较客观的看法和态度。

我们所说的“五十而知天命”，实际上是指人和事物的自然性，是自然界的规律。因此，人到了五十多岁这个年龄，对于人世间的许多问题，要有比较客观的认识和良好的心态。不偏激、不浮躁，正确对待自己和别人，正确对待自己的成败，得意时不忘形，失意时不悲观。

二、智者不惑、勇者无惧、诚者有信、仁者无敌

创业需要斗智、斗勇，需要讲诚信、讲仁义。下面，试对智、勇、诚、仁作解说，供读者参考。

1. **智者不惑**

智者不惑是说有智慧的人，对社会上的人和事物，有较强的洞察力和较好的应对办法，不会随便被人迷惑。

创业者要面对复杂多变的市场，要跟各种各样的人物打交道，稍有不慎，就会吃亏。

人的智慧，多数是在实践中磨炼出来的。创业者平时要多学习、多实践、多研究、多积累，以应对创业中的风风雨雨。

有许多事情，光靠蛮干还不行，要懂得巧干，才能事半功倍。

创业者，无论出身如何，都不能缺少智慧。要有“眉头一皱，计上心来”“运筹帷幄，决胜千里”的智慧。

2. **勇者无惧**

勇者无惧是指做人做事果敢，敢于济世扶贫、锄强扶弱、助人为

乐、见义勇为。

勇者无惧对于创业者来说，就是不怕困难和挫折，敢闯、敢干，敢于承担责任、敢于改正错误。

实践证明：创业征途有风险，创业者要有勇气。有了勇气，才能克服困难，争取胜利。

还有一点要注意：勇者，是指有胆识的人。所谓胆识，是指有勇有谋。单凭匹夫之勇、草莽之勇，效果不一定好。若能胆大心细、有勇有谋，效果更佳。

3．诚者有信

诚，是指做人做事光明正大，具备真心实意，不隐瞒、不弄虚作假。

信，是指遵守诺言和守信用。

诚者有信，是说：诚实的人是可以信任的，跟诚信的人交朋友、做生意，是可以放心的。

出来创业，自己本身要诚信，对方也要诚信，只有双方都诚信，事情才好办。如果有一方不诚信，就会出问题。因此，诚信二字，是历代商家的座右铭。

案例

某年，有一位欧洲的大批发商来到香港，找到李嘉诚创办的长江塑胶花厂。看了该厂的样品后，大为称赞，有意在欧洲开拓市场。

根据双方的友好协商，买方可以先付货款，但卖方必须找一位有地位、有经济实力的人物作担保。可是，李嘉诚确实找不到这样的担保人，只好如实相告，恳请谅解。

对方被李嘉诚的诚实、毫无隐瞒的优秀品质所感动。于是，决定大批量订购李嘉诚的塑胶花，并且先付全部货款。

敦厚诚实的李嘉诚忙问："那……担保人一事……"

那位欧洲来的大老板笑了笑，说："你的真诚和信用，就是最好的担保。"

诚信，让刚刚创业的李嘉诚得到欧洲大老板的赏识和信任。

诚信，让当时资金不足的李嘉诚得到大客户提前支付的货款，解决了扩大生产的资金困难。

诚信，让年轻的李嘉诚刚刚创立的长江塑胶花厂名扬天下。

诚信，为李嘉诚后来的大展宏图创立了品牌，赢得了良好的口碑。

4. 仁者无敌

仁，是我国古时儒家的一种含义极广的道德范畴，它包括恭、宽、信、敏、惠、智、勇、忠、恕、孝等内容。仁也可指有道德、有爱心的人。

从创业者的角度来说，仁者无敌是指创业者具有诚信、博爱之心，具有勇气和智慧，仁心仁术，就能战胜困难险阻，就能成功。

三、吃得苦中苦，方为人上人

苦中苦，是指非常艰苦（不是一般的艰苦）；人上人，是指有成就、有出息的人。

吃得苦中苦，方为人上人，是说一个人若想有成就、有出息，就要能吃苦，要经历过磨炼。

实践证明：世界上任何有成就的人，都是从艰苦中磨炼而成的。

案例

香港首富李嘉诚，12 岁那年，日寇侵华，家乡沦陷，中国人民处在水深火热之中。为逃战难，李嘉诚跟随父母，冒着生命危险，历经艰辛，逃到香港。

然而第二年，香港也被日寇侵占了，祸不单行，父亲因贫病交加而早逝，留下孤儿寡母，家境十分凄凉。年仅14岁的李嘉诚，只好到处找工作，脚底都走到起血泡了，但经常遭受人家的白眼，碰了很多次壁。

好不容易找到一家茶楼，求爷爷告奶奶地找到一份跑堂的杂工，每天工作15个小时以上。后来去做推销员，每天早出晚归，吃尽了苦头。

家贫、兵荒马乱、失学、父亲早逝、打工的辛酸等人世间的许多苦难，李嘉诚都经历了。然而，贫穷、艰苦却磨炼了他吃苦耐劳的意志，增长了知识，积累了丰富的经验。为他后来的创业和大展宏图打下了坚实的基础。

四、人气旺，财气旺

做生意，盼的就是有人气，人气旺了才能做生意，才能赚钱。

有人气（来往的人多，购物消费的人多），证明这个地段适合做生意，证明这里的商品吸引人。例如：广州的上下九路、北京路；上海的南京路；北京的王府井……

有些地段，虽然不是步行街，但是由于这里的商品很有特色且价格比较合适，人们照样乐意去。

那么，人气怎样才能旺起来呢？

（1）有些地段之所以人气旺，是因为历史悠久、知名度高。

（2）人气旺的地段是由许多因素组成的。例如：地理位置、周边环境、人口、卫生、治安、交通等。

（3）商家的商品要有特色。

（4）商家的经营手法要有吸引力。

（5）一个行业旺起来，就会带动其他相关行业旺起来。

案例

2004年以前，广州市白云区沙太北路至太和镇，沿途没什么楼房，也没什么商店、公司，车马稀疏、人烟稀少，俨然一幅郊区农村的景象。可是，自从政府将广州市的物流基地定在白云区，同时将市区的货运市场迁到白云区指定的地段后，白云区沙太北路至太和镇，占尽了天时地利人和，当地建起了好几个货运市场、物流园，许多物流公司进驻。与此同时，小吃店、小饭店、士多店、日杂百货店、轮胎店、帆篷店、修理店、理发店、药房、诊所、肉菜市场、招待所等应运而生，人气越来越旺，就连当地农民盖的出租屋，也供不应求。

五、危中有机

世上的事物都具有两面性，创业也是如此，有时顺利有时曲折，有时赚钱有时亏本。例如：

（1）金融风暴、经济危机，导致楼市、股市下跌，如有一定资金买楼房和股市，日后肯定能赚大钱！因为经济发展是呈波浪形的，有起有伏。只要创业者善于把握时机，就有收获，就能赚大钱。

（2）许多企业平时忙于抓业务、忙于赚钱，没有时间抓本公司内部的整改。遇上经济危机，业务量下降，有空闲的时间，抓住这样的机会，对本公司存在的问题进行整改，为危机过后的大展拳脚做好准备。

市场的兴衰是受许多因素影响的，创业者平时就要密切留意和预测社会形势、市场动态、社会需求等。创业者要善于发现、分析、思考、研究、准备，善于抓住对自己有利的时机，并果敢行动、抢占商机，肯定有收获，肯定能赚钱！

业界认为：商家只要有一两次大的机会，就能赚大钱。

“三年不发市，发市当三年”，意思是说：有的生意三年都赚不到钱，入不敷出。若能做成一两笔大生意，赚了大钱，就可以弥补损失，而且比以前更好。

实践经验证明：遇到危机不要怕，沉着应对，找到突破口、抓住商机，“时不我待，机不可失”就是这样的道理。

遇到危机，如果能够利用危机，并化险为夷，证明此人有本事！

六、居安思危

居安思危是说处在安定的环境要想到可能会出现的危机。这个成语提醒人们，平时要有风险意识，并有所准备。

居安思危，对创业者来说，更有现实性和重要性。因为：

(1) 社会形势，不可能永远“太平”，总会有动荡之时。

(2) 天有不测之风云，自然灾难随时会出现。

(3) 人有瞬时之祸福，晴天备好雨天柴。

(4) 市场动态，盛极必衰，供求有变。

(5) 客户不可能永远是你的。

(6) 一次重大的差错事故，足以让创业者倾家荡产。

由此可见，创业不可能一帆风顺，总会有这样或那样的遭遇和困境。因此，平时就要居安思危、未雨绸缪。即使危机到来，也不至于束手无策。

七、有些危机是自己造成的

危机，既可能是由客观原因造成，也可能是由主观原因造成。但很多人遇到危机，总是把矛头指向外部，不去审视自身的问题，其实有些危机是自己造成的。

（1）对于决策，创业者有无认真审核？发现问题是否及时纠正？

（2）对于成本核算，老板有无认真审核？发现问题是否及时纠正？

（3）各项规章制度（特别是规范化作业），是否健全？是否执行落实？老板平时有无抓检查，抓落实？

（4）对于败坏自己的品牌、信誉，影响公司产品销路的行为，如粗制滥造、偷工减料、弄虚作假等，老板平时是否觉察？有无采取措施？（有些老板不仅不阻止这些行为的产生，还默认其存在。）

（5）员工对业务一知半解，一问三不知，老出差错事故，公司老是赔钱，老板平时有无抓业务培训？

（6）员工素质差，服务态度差，售后服务差，把客户气跑了。老板平时是怎样抓管理的？

（7）公司内部铺张浪费，增加成本，老板平时是怎样抓成本预算的？

（8）公司内部搞“窝里斗”、搞“阶级斗争”，哪有心思把本职工作做好？老板是怎样处理的？

（9）公司内部财务混乱，漏洞百出，老板平时是怎样抓财务管理的？

（10）业务人员“守株待兔”，不愿出去开发业务，是什么原因？

（11）员工缺乏风险意识，安全预防工作做得不好，存在许多隐患，老板是否知道？

由此可见，创业者自己内部可能存在诸多问题、诸多隐患，本身就是一个危机。即使没遇到由外部因素造成的危机，自己内部经营不善、管理不善的企业，也会被击垮！

请创业者记住：火山，是从内部爆发的。营垒，是易从内部被击破的。

八、小利不让，大利不来

小利不让，大利不来是指做生意要灵活，要懂得随机应变。需要让利的时候，就应让利，以博取后面的利益。也就是说：做生意，有时候不可死抱着一点小利不放，不可做铁公鸡——一毛不拔。

做生意，有时候不可斤斤计较眼前的一点小利，应着眼于该项目的整体利益。如果因为一点小利而使项目谈不成，你就一分钱利益也得不到！

请记住中国的一句名言：“欲取之，先予之。”

案例

1977年，香港地铁遮打站、金钟站上盖兴建权招标。当时参加竞投的财团有30家，李嘉诚的长江实业公司的实力也不是最雄厚的，还比不上人家那些大财团。可是，这块风水宝地、“地王”，却偏偏被李嘉诚投中了！什么原因呢？

原来，该地铁上盖的招标方是香港地铁公司。虽然是直属香港政府的公办公司，但是资金筹集、设计施工、经营管理，都得按商场的通常法则进行。当时地铁公司缺现金，而且，地铁公司希望获得更多的盈利。

地铁公司这一条件，让许多财团都有所顾虑，不敢贸然让利给地铁公司。

可是，李嘉诚以“欲取之，先予之”的超人胆识，在投标书内承诺：①建筑费用由投标方现金支付；②地铁公司占利益的大头。这一奇招，果然吸引了地铁公司，最后拍板决定：李嘉诚的长江实业公司成功中标！

李嘉诚以超群的胆识，击败群雄，摘取了“皇冠顶上的明珠”！事后，媒体问及此事有何奥秘？

李嘉诚实话实说：“不可为自己的一点小利而斤斤计较，对方无利，自己也无利。要舍得让利，使对方得利，这样，最终会为自己带来较大的利益。”

高，实在是高！

九、肥大不等于强大，重量不等于力量

肥大不等于强大，重量不等于力量是指表面上看来“很风光”“很有派头”“高、大、全”，其实，内部很虚弱，经不起风浪，没有真正的实力。

就创业者而言，千万不可劳民伤财搞表面文章，而是要踏踏实实，内练硬功、外创品牌，量力而为，求实务实，这才是成功之道。

时下，一些人不顾我国的国情，开口闭口西方国家如何如何，照搬人家的那套，把一些事情搞得非驴非马。还有一些十分荒唐的事，诸如：

某中小城市，经济并不发达，却要花上亿元纳税人的钱，搞“宋朝古都重建工程”。

某贫困县，当地人民群众连温饱问题都没解决，当权者却花1 200万元请明星做水果的代言人。

表面上看来“财大气粗”，花上亿元脸不红心不跳，够气派，其实却是“山中竹笋——嘴尖皮厚腹中空”！

有些创业者也爱搞排场摆阔气，还不知道生意能否做成，就大兴土木，大搞豪华装修……结果呢，门可罗雀、生意惨淡，最后难以维持，

以关门告终！

案例

笔者家附近有一间小店。前段时期，店主大搞豪华装修。笔者不知是哪家“富豪”，也不知道是卖什么的，只好拭目以待。

半个月后，装修完毕，开张大吉，该店门前彩旗飘扬，彩色气球迎风飞舞，还摆满了花篮，醒狮队敲锣打鼓，十分隆重，很有“气派”。

可是，不到一个月，该店就关门了！何故？原来：

(1) 该店老板并非“富豪”，而是充阔气、讲排场。

(2) 该店卖的是高档时装。

(3) 该店所处位置，附近没有豪宅，没有高收入的人群。

(4) 该店所处地段人流不多，人气不旺。

由此可见：花架子，好看，经不起风雨。花拳绣腿，好看，不中用。

常言道：山不在高，有仙则灵。创业征途路漫漫，求实务实记心间。

十、用咸菜的价钱，做出烧鹅的味道

用咸菜的价钱，做出烧鹅的味道是指有些事情，不一定非要出高价钱才能做得好，若能用较低的成本，做出较佳的业绩，才是高手。

对创业者来说，有些事情若能精打细算，善于经营，同样能创造出好的效果。

案例一

国家足球队，以前用本土主教练，尚且能入围世界杯亚洲赛区决赛，而后来花重金（年薪3 000万元人民币）请来的洋教练，却在预选赛中途就被淘汰出局。2012年，国家足球队远渡重洋，去巴西与巴西队打“热身赛”，比赛结果0∶8，吃了8只蛋，被剃光头！

案例二

笔者管理过好几个物流营业部，有些营业部各方面条件都很好，可就是业务量少，营业额少（每月只有几万元的营业额），基本上每个月都亏本。可是，有些营业部各方面条件都不怎么样，但营业部经理及业务员善于开发业务、善于经营，每月的营业额都不低，最高的时候达到一百多万元。

案例三

有些企业花上亿元去投标电视台的“标王”，生意也不见得火爆，反而耗费了上亿元，把原先好好的企业给拖垮了！许多不投“标王”的企业，生意照样做得红火！花上亿元去投标电视台的“标王”，有何实用价值？

（1）厂家卖一件价值500元的产品，利润是10%，每一件赚50元。若花一亿元去登广告，需要卖200万件产品。

（2）以员工月薪3 000元计，厂家花一亿元去登广告，就约等于33 333个员工一个月的工资，约等于一个员工33 333个月（约等于2 778年）的工资。

（3）如广州—北京的运费每吨按600元算，一亿元广告费，需要拉运166 667吨货物。以火车每节车皮载重60吨计，166 667吨货物需要2 778节火车皮才能拉完；以每辆汽车载重10吨计，166 667吨货物需要16 667辆汽车才能拉完。

案例四

某家企业花1 200万元请某位明星当代言人。试问，如果你是顾客，你是花钱买明星在荧屏上笑一笑，还是买该厂的产品?

再算一算经济账：

请明星当代言人的1 200万元，要卖多少产品才能赚回来?

1 200万元，是多少员工的工资?

就凭这么一位明星代言人，就能挽救你那经营不善、摇摇欲坠、快要破产的企业吗?太天真了!

诚然，企业可以（而且需要）适当花钱，但是，要算一算经济账，确定这样做是否值得?

其实，真正能吸引顾客的关键是你的产品，而不是靠明星、噱头、排场……

十一、稳健中寻求发展，发展中不忘稳健

稳健，是稳而有力、慎重的意思。

发展，是指事物由小到大、由弱到强、由低级到高级的过程。

对创业者而言，既要稳健，又要发展。也就是说，首先要站稳脚跟、打好基础，然后，根据社会的需求以及自己的实力，寻找发展项目，把自己的事业做强做大。但当你准备搞发展的时候，要谨慎，不可冒失。

既要稳健，又要发展，好像有矛盾?

其实，事物的发展，是量变和质变的辩证统一。稳健与发展，表面上看好像有矛盾，其实却是必然的、是对立与统一的、是相辅相成的关系。就是说，不改革、不发展，就会落后，就会被淘汰。常言道：不进则退，就是这个道理。

改革开放初期，许多个体户、老板、小贩，如果他们原地踏步，不思进取，不谋发展，能有今天的成就吗？能成为今天的企业家、大老板、大富豪吗？

社会在发展，市场在变化，原有的小个体户、小作坊已经不适应时代的发展，顶不住商海的大风大浪，甚至会被市场经济的滚滚洪流淹没！

诚然，当年的创业者，在发展的过程中，也有失败的。原因是多方面的，主要有下列两点：

1. 基础薄弱

当年的创业者，多是年轻人或洗脚上田的农民，其专业、技能、资金、经验都是属于初级阶段，根基浅、底子薄。

2. 盲目投资

对新的项目，缺乏认真的调查了解，也没有经过认真的论证，光凭匹夫之勇，盲目发展、盲目投资、盲目扩张……一旦市场有变，加上自身内部经营管理不善，就会顾此失彼，以失败而告终！

常言道：胆大心细，创业也是如此。勇气与谋略，两者皆重要，能攻善守，方成大业。

十二、审时度势，另辟出路，避开风险，出奇制胜

审时度势，另辟出路，避开风险，出奇制胜是指创业者在创业过程中，必须懂得分析形势（包括国内外的政治形势、经济形势及市场动态），善于掌握时机、抓住机遇，善于找到突破口，做事胆大心细，积极改革创新，才有出路，才能成功。

经历过创业的人士都深有体会：做生意，会受社会形势和市场需求的影响，面对不同的形势要采取不同的做法，而做法的不同又会导致结

果的不同。

因此，创业者平时要多留意国内外的形势、留意市场的变化，并结合自己的实际情况，作出应变措施。

如果现有的项目或运营模式，已经不能适应当前的形势，已经明摆着“活不下去了”，不能再陷进去了，那么，创业者就要想办法，一是保存实力，二是主动出击，另谋出路，避免更大的损失。

现有的项目和运营模式，该转轨的就转轨，该转型的就转型。不能“束手就擒”，不能“坐以待毙”。

冲出重围，走出困境，改革创新，再展雄风。

案例

1973 年的世界石油危机中，世界船王包玉刚，审时度势，以变应变。他毅然决定：“减船登陆，套取现金，转投房地产业。”于是，经过一番努力，终于成功购得香港的发财宝地——九龙仓。成功登陆，避开了国际船运业的危机，开辟了新的领域，再展宏图！

十三、不搞改革创新、不思进取的企业，只有死路一条

世上事物，都是不断变化的。创业也是如此，有起也有伏。

创业者，如何应对社会变化？如何应对金融风暴、经济危机？如何应对经济不景气、生意难做、效益不好……

答案就是改革创新！

创业者为何要改革创新？

（1）有些旧的理念、旧的传统、旧的模式已经被证实是不能适应时代和企业的进步，甚至是阻碍社会和企业的发展，如果顽固不化，于国于民于企业都是有害无益的。

（2）国有企业无论规模大小，都是从以前的计划经济中过来的。虽然许多国有企业现在常说“要走市场经济”，但只是挂在嘴边而已。其实，以前计划经济的那套，仍然是根深蒂固，难以脱胎换骨。许多国有企业，现在依然沿袭以前的旧理念、旧模式、旧体制……如此下去，势必影响社会的发展。

（3）我国的许多民营企业，无论规模大小，都是从小生意转变而来的，很多方面尚不能适应飞速发展的经济，不能适应新时代的潮流，不能适应现代企业的要求，若自我陶醉，故步自封，不搞改革，不搞创新，就会被激烈的市场竞争所淘汰。

（4）当前社会的特点：

①国际上，国家之间各个领域都存在竞争，从未停止过。

②国力强大（政局稳定、经济发展、军队实力强大）就不会被人欺负。

③国内实施经济政策调控，二十世纪八九十年代那些“做什么生意都能赚钱”“倒卖批文能赚大钱”“皮包公司空手套白狼能赚钱”的事已经不会再有了。

④股票突破 7 000 点的日子一去不复返了。

⑤市场上各方面的竞争越来越激烈。

⑥成本上涨，生意难做，“一本万利”的暴利时代已经过去了。

⑦现在的时代（经济方面和市场方面），是大鱼吃小鱼的时代，是拼资本、拼实力、拼品牌、拼价格、拼售后服务、拼电子网络运用的时代，是大浪淘沙的时代。

正因为如此，新老创业者面临的难题很多，压力也很大，怎么办呢？

改革创新，只有改革创新，才有出路！

案例

某公司成立于1993年，资格也算老，是中央企业，后台够硬！拥有国家经贸委、国家工商总局、中国海关总署等国家大部委发给的进出口贸易、国际运输、报关行等特许证照，平台可谓大矣！还有高楼大厦作办公场所，条件可谓优越。

该公司创业初期，由于当时的创业人员比较敬业、勤奋和务实，加上那时候政策比较宽松，市场竞争也没那么激烈，生意比较好做，效益比较好。

几年过去了，该公司已经换过几批人了。但可以说，是一批不如一批。最后因效益太差，被上级宣布停办解散。

什么原因呢?

(1) 政策变化，市场变化，生意比较难做。

(2) 公司领导人平时不善于研究市场，未能采取有效对策。

(3) 公司的人端惯了“铁饭碗”，吃惯了“大锅饭”，习惯了安逸，谁会想出去跑业务? 如果没有业务，哪里有什么效益?

(4) 只会“闭门造车”“纸上谈兵”。公司的走廊、各部门的办公室，挂满了洋洋万言的条条框框，有哪个人认真看过? 有哪个人认真执行过? 天晓得!

(5) 机构庞大，全公司只有30多人，却有10个部门。

(6) 官多兵少：公司有总经理1人、副总经理2人、高级经济师2人、高级工程师2人、党总支书记1人、纪委书记1人、工会主席1人、办公室主任1人、人事主管1人、各部门经理若干人、文员若干人、财务若干人，但真正搞业务的没几个人。

(7) 为保“乌纱帽”，不敢搞改革创新。万一改革创新不成功，丢了“乌纱帽”，划不来!

如此这般，没有危机感，没有紧迫感，不搞整改，不思进取，这样的企业，不垮才怪呢!

十四、识时务者为俊杰

所谓时务，是指当前的社会变化及市场变化。

社会形势及市场动态是经常变化的，创业者应善于洞察、分析和应对。

在现实中，有时候形势好，但有的人没有把握机会，没能把生意做起来。有时候形势不好，却有人能另辟蹊径，把生意做了起来。

是否能把生意做起来，关键在于创业者在当时的形势下能否及时地作出判断和采取正确的应对措施。例如：

（1）国家经济大发展，百业兴旺，若能抓住这个大好形势，主动出击，必有收获。

（2）国家实施了经济调控，发展速度放缓，这时候创业者就要稳扎稳打、保存实力，避开风险、减少损失。

（3）房地产业兴旺，必然带动相关行业，这时候创业者就要抓住机遇，大干快上，捷足先登。

（4）房地产业降温，相关行业必然会受到影响，这时候创业者就要适当放缓速度，不可冒进。

（5）楼市火爆，楼价上升，这时候就要调整自己的方案，该抛出时就抛出去，赚了钱再说。

（6）楼市降温，楼价下跌，这时候，就要慎重考虑，当然，如果有多余的资金，趁机买下低廉的物业，也是一种策略。

（7）如果股市红火，就不可太贪，该出手时就出手，赚了钱再说，落袋为安，免得夜长梦多。反之，买入时就要认真考虑，不可操之过急。

（8）如果股市开始下跌，且预测会继续低迷，则应尽快抛出。

（9）某地段准备拆迁，就不可贸然租铺进驻。

（10）某地段准备拆迁，应事先做好准备。

（11）得知某种产品滞销，创业者就要尽快将手上的这种产品让利卖出去，减少损失。同时，暂缓进货。

（12）得知某种产品好销，就要抓住机会，加大营销力量，卖得多，赚得多。

（13）当老百姓口袋里的钱多了，购买力强了、消费水平高了，创业者就要抓住机遇，切莫错过商机。

（14）当老百姓口袋里的钱少了、缩水了，购买力弱了、消费水平低了，高档商品、高级消费行业就要适当降温，不可冒进。

案例

香港首富李嘉诚，是善于把握机遇的高手！

20 世纪 50 年代，塑胶业是新兴行业，李嘉诚通过分析，认为有市场。于是开始经营塑胶产品，并赚了钱，后来，塑胶花好卖，他又经营塑胶花，又赚了钱。当人们见塑胶花好卖，纷纷争着做时，李嘉诚却及时意识到“盛极必衰”，于是酝酿转轨。

1967 年，香港局势动荡，房地产市场十分惨淡，地价、楼价便宜，李嘉诚趁机购买廉价的地盘物业，后来又赚了钱。

1972 年，香港股市兴旺，李嘉诚又抓住机遇，进军地产股市。

善于洞察形势、善于利用形势，善于以变应变，终成大业！

十五、创新要点

1. 思维（理念）创新

创业者的思维要跟上新时代，理念要创新。别老是用老眼光来看新事物，别老是被陈腐的思维和落后的理念束缚住自己。只有摒弃陈腐的思维和落后的理念，创业者才能谈创新，才能有所作为。如果思想不解放，理念不创新，靠模仿过日子，就永远落后，永远没出息！思维创新，理念创新，就是要勇于创新，敢于创新，善于创新；就是要敢为天下先！就是要标新立异、推陈出新；就是要人无我有，人有我优，人优我奇！出奇制胜，研发和创造出新奇、优质、高效的产品来。只有创新，才有生命，才有竞争力。

2. 制度创新

要改革，要创新，就必须打破那些不适应（甚至是阻碍）进步和发展的条条框框。创立一套求实务实的新制度，给创业者松绑，减少折腾，提高效率，让创业者轻装上阵，集中时间和精力创基立业。

3. 产品创新

社会是不断地向前发展的，产品也是不断推陈出新的。例如移动通信工具，最早的时候是 BB 机，后来是大哥大，再后来是体积越来越小、功能越来越多的手机。一代比一代先进，一代比一代受欢迎。创业者的产品要不断推陈出新，才能有所作为，靠模仿过日子，肯定会被淘汰！

4. 技术（工艺）创新

世界上没有一成不变的东西，创业者应千方百计搞技术（工艺）创新，用新的技术、新的工艺降低劳动强度，降低成本，使得产品优质高效。创业者拥有先进的技术、先进的工艺，就能生产出设计精美、品质上乘、性价比高的产品。

5. 发明创造

现在是科技时代，如果你还在沿用落后的技术，还在搞仿制，还在生产过时的、落后的、已经被淘汰的产品，证明你是傻瓜！历史告诫我们：落后就要挨打！今天，中国要振兴，就要全方位提倡和鼓励发明创造，特别是科技要创新，要把“中国制造”变为“中国创造”。我们不能老是躺在祖先的“四大发明”中睡大觉，不能老是以祖先的“四大发明”而目空一切，故步自封，自吹自擂。须知，别的国家（特别是发达国家）的科技早就超越了你，而你还在当阿Q！不思进取，不搞创新，不搞科技发明，你就会被淘汰，就会被人欺负，人家就会侵略你！

讲到我们创业，现在各行业竞争相当激烈！结果肯定是优胜劣败！怎么办？只有勇于改革创新，善于改革创新。做到推陈出新、标新立异、出奇制胜。做到别人没有的我有，别人有的我比他好！

十六、人生事业发展图

三十岁前

- 小学、中学（学习文化基础课）
- 中专（学习有关专业的基本技能）
- 大专（或本科、研究生，对有关专业进一步深造）
- 毕业后出来工作（无论是什么学历）
  - 一是通过劳动领取工资维持生活
  - 二是趁年轻多学习社会常识及专业技能
  - 三是积累社会经验和工作经验
  - 四是锻炼吃苦耐劳（注意：不唯文凭，但不等于不要知识；要创业，必须边工作边自修，平时多读书看报，增长知识，博学多才）

三十岁至五十岁

- 有技能又有启动资金，家庭负担不重的人士，可以创业
- 先从小规模做起，从小到大，先易后难
- 积累经验，积累资金，伺机求发展
- 年富力强，加上之前读书和打工积累的知识和经验，完全可以创业

五十岁至六十岁

- 已经积累了丰富的经验及足够的资金
- 这时候，就是创业者“玩”金融的年龄段
- 灵活运用资本搞大投资
- 要为自己准备退休后的养老金

注：上面各个年龄段的划分不是绝对的，各人的实际情况不同，应具体情况具体分析，谨供参考。